**若き詩人の夢(1816-20年頃) ウィリアム・ブレイク作**

「快活なる人」の６枚連作の中の作品。

詩人が「結婚の神ヒューメン」の夢を見ている。

またシェイクスピアの霊を呼び出している。

**老齢のミルトン（1816-20頃） ウィリアム・ブレイク作**

「快活なる人」6枚連作の最後の作品。
老齢で盲目のミルトンは、毛のガウンを着て、
「平和な庵」の「苔むした小部屋」にいる。
彼は、空の星と露を吸う一本一本の草を（内なる目で）観察している。

# 自分を信じて

Believe in Youself

ジョセフ・マーフィー
矢野ふみ 訳

青志社

## 自分を信じて　目次

# 第一章

Chapter One

# 夢をかなえる

旧約聖書の創世記の中に、「ヨセフ」という名前がでてきます。

ヨセフは父のヤコブの11番目の子どもとして生まれました。父のヤコブは、ヨセフが年をとって生まれた子なので12人の兄弟の誰よりもかわいがり、ヨセフのために「いろいろな色の上衣《うわぎ》」を作ってやりました。兄弟たちはヨセフが父に一番愛されているのを見て、彼をうとみ、まともに口をきこうともしませんでした。

ヨセフは、兄弟のねたみを買い、エジプトに売りとばされてしまいます。父、ヤコブは、兄弟たちの策略によってヨセフの上衣につけられた牧山羊《ぼくやぎ》の血を見て、ヨセフが獣に食われて死んだと思い、誰の慰めも受けつけず、悲しみのあまり盲目になってしまいました。

さて、そのヨセフには、「制御《せいぎょ》された想像力、またはコントロールされた想像力」という意味があります。これは心の原始能力の一つで、私たちの心に起った「考え」を投影し、客観化し、目に見えるように空間のスクリーンに映し出す能力のことです。

〔父、ヤコブは、神からイスラエルと言う名前を与えられる〕

イスラエルはヨセフを愛しました。「イスラエル」とは、コントロールされた想像力のほんとうの力を知っている「精神的に目覚めた人」を意味します。ヨセフ、つまり想像力は、父ヤコブが年をとって生まれた息子なので「年寄《としよ》り子《ご》」と呼ばれます。息子は「表現」を意味します。

「年寄り」は心の法則についての私たちの知恵と知識を暗示しています。想像力のパワーに慣れ親しむと、それを私たちは「わたしの年寄り子」と言うのです。年をとることは単なる年月の経過ではありません。ほんとうに気高い知恵と知識の夜明けなのです。

想像力は、偉大な科学者、芸術家、物理学者、発明家、建築家、神秘家に使われる強力な道具です。世の中が、「それは不可能だ、できない！」と言っても、想像力のある人は「できる！」と言いました。また、私たちは想像力を働かせて現実の奥深くまで見透《みとお》し、自然の秘密を解き明かすこともできます。

昔、ある偉大な企業家が、どのように小さな店から始めたかを、私に話してくれたことがありました。彼は国中に支店をもつ大きな企業を夢見たのでした。心の錬金術を使って夢にまとわせる布を織ることができると承知していたので、巨大なビルディングやオフィス、工場、支店を、常に、系統立てて心に描いたものだと明かしてくれました。

彼は富を得ました。

そこで、「心で思考することは現実化する」という意味の「引き寄せの法則」に従い、自分のアイデアを展開させるために必要なあらゆるアイデアや人員や友人、お金を自分に引き寄せ始めたのです。

彼は、心底、自分の想像力を鍛え、精錬し、想像力がそれらを形にして上衣をまとわせるまで、この心的パターンで生きたのです。

わたしが特に好きだった彼の言葉があります。

「成功を想像することは、失敗を想像するのと同じくらい簡単で、はるかにおもしろい」


「ヨセフは夢を見る人。予言する人」


これは、ヨセフが心に洞察力とイメージと理想をもち、その心にはイメージに応える「創造主」が存在していることを知っている、という意味です。私たちが心にいだくイメージは感情の中で形成されます。

賢明にも、私たちのすべての感覚は、ある感覚——感情の変化したものと言われています。精神科学の師、トーマス・トロワードは、「感情は法則であり、法則は感情である」
と言いました。私たちは、結果を得るために、心のイメージを感情で充填《じゅうてん》する必要があるのです。

「ヨセフは夢を見て、それを兄弟たちに話したら、彼らはヨセフを憎んだ」

と言われています。多分、これを読んでいるあなたにも成し遂げたい夢やアイデアや計画や目標があるでしょう。「憎む」とは、聖書の言葉では「拒絶」を意味します。あなたが心の中で考えていることや感情、信念、意見は、あなたに挑戦する兄弟たちなのです。彼らはあなたをけなし、「お前にはできない。不可能だ。忘れろ！」というのです。

別の考えが入り込み、自分の計画や野心を嘲笑《あざわら》うのです。自分の同胞たちとの争いが起こるのです。反対派が入ってくる。

心の中の反対派を治めるには、ものごとを感覚で判断する「感覚証拠」や、ものごとの本質にではなく「見かけ」に注目する自分の態度を切り離し、目標や目的にむかって、はっきりと、興味をもって考え始めることです。

心が目標や目的に取り組んでいる間は、あなたは心の創造の法則を使っているので、それは実現するでしょう。

あるときヨセフは次のような夢を見ました。

「見よ、私の束《たば》が立ち上がり、まっすぐに立った。そして見よ、あなたがたの束が立ちあがり、輪になり、わたしの束にお辞儀した」

理想や願望を意識の中で高める。それを高揚《こうよう》させる。それに全身全霊で取り組む。それを褒《ほ》めたたえる。集中力と愛と熱情を理想にささげる。そうし続けるうちに、自分の中のすべての臆病な考えが、意気揚々とした心の状態に敬意を表し、力を失い、心から消えていく。

私たちは、結果をイメージする能力により、あなたはどんな環境や条件でもコントロールできるようになります。あなたは願望やアイデアを実現させたい？　それなら、願望が実現したイメージを心の中で見るのです。常に願望が達成されたイメージを心に思い浮かべるのです。このやり方で実際にそれを強制的に心に存在させることができます。

私たちが真実と思って想像したことは、心の次の次元にすでに存在しているので、あなたが自分の理想に忠実でありつづければ、いつかそれ自体が対象化され、心に強く印象づけられたものを、創造主が可視性のスクリーンに映し出すのです。

ヨセフ（想像力）は「いろいろな色の上衣」を着ています。聖書の中の「上衣」とは、心理的な上衣、おおいのことです。心理的な装《よそお》いとは、私たちが心で行う心の態度、気分、感情のことです。

あなたはダイヤモンドの表面を見たことがあるでしょう。そこには数えきれないほどの面がみえるでしょう。それが、いろいろな色の上衣なのです。ダイヤモンドのファセット、切子面なのです。それはどんなアイデアも形にして表現し、装いをつけることができる能力なのです。

今、ぜいたくな生き方をしている貧しい暮らしの友人を想像してみましょう。その友の顔に喜びの明かりが灯り、大きな笑みがたたえられていく様子をあなたは見ます。彼から聞きたい言葉を聞きます。会いたい時に必ず、彼に会うことができます。そう、つまり、彼は光輝き、幸せで、繁栄し、成功しているのです。

あなたの想像力は「いろいろな色の上衣」です。それはどんなアイデアや願望にも装いをつけ、客観化することができます。私たちは、不足しているところに豊潤《ほうじゅん》を、争いのあるところに平和を、病のあるところに健康を想像することができます。

「兄弟たちがヨセフに言った。『お前はほんとうにわたしたちを治めようというのかい？』」

想像力は第一番目の能力で、意識のほかのパワーや要素よりも重要です。私たちには12の能力、つまり兄弟がありますが、想像力は訓練されたとき、時間と空間を崩壊させ、すべての制限を私たちに超えさせます。精神的な追求をしている時、神のような気高いコンセプトとアイデアで想像力を忙しく働かせていると、それがすべての能力の中で最も効果のあることが分かるでしょう。

「ヨセフはエジプトに売られた」

ヨセフは、彼をねたむ兄弟たちによって、商人に売られ、エジプトに下りました。これは次のことを示唆しています。「考えや願望は、客観化される前に、まず主観化（エジプト）されなくてはならない」。つまり、すべての考えはアイデアの誕生が行われる主観（エジプト）に下りなければならない、ということです。

「私はエジプトから息子を呼んだ」

〔ヨセフはエジプト人に買われ、主人の絶大な寵愛《ちょうあい》を受けるが、その妻の誘惑を断《ことわ》ったために、牢獄に閉じ込められる身となる。しかし、そのポジティブな考え方と先見の明により、牢獄の司令官に抜擢される〕

ヨセフはエジプトの司令官になる。これは、想像力がすべての概念形成の領域を支配するという意味です。あなたがどんな牢獄にいようと、それが恐怖や病気や欠乏、いかなる種類の制限であろうと、覚えておいてほしいのは、ヨセフ、つまり想像力は牢獄の司令官なので、あなたを救い出すことができるということです。あなたは自分の自由を想像し、主観化されるまでそれを続けることができます。そうして、暗闇の中での懐胎ののち、発現されるのです。

ここで、ちょっと、際立《きわだ》って才能のある建築家を思い描いてみましょう。この建築家は、心の中で、スーパーハイウェイやプールや水族館や公園を完備した美しい現代的な20世紀の都市を建築することができます。それまで目にしたどの宮殿よりも美しい宮殿を心の中に造ることができます。彼は大工さんたちに設計図を渡す前に、すでに完成した建物を見ています。その建物はどこにあるでしょう?　彼の想像の中に。

あなたは「想像力」を使って、そこにいないお母さんの声を、すぐ傍《そば》にいるかのようにほんとうに聞くことができます。実際は1000マイルも離れたところにいるお母さんの声を。また、お母さんの姿も、目の前に現れたかのように鮮明に見ることができます。

これが、「あなたにそなわっている力、想像力」なのです。

あなたはこのパワーを発達させ、洗練させ、成功することができるのです。

営業部長が「ジョンはクビだ、態度がなっていない」というのを聞いたことがありませんか?　営業の世界では、「正しい姿勢、態度」というものを知っています。

私は何年もまえに、「輪廻転生《りんねてんせい》」についての小さな論説を出版したことを思い出します。

このパンフレットサイズの小冊子は教会のブックコーナーに展示されていたのですが、初めは、まったくといってもいいほど売れなかった。どうしてかと言うと、売り子の若い女性がその中身にひどく反感をもっていたからです。私は彼女に、輪廻転生の聖書の意味と、その話の起源、そしてそれが何のことなのかを説明しました。彼女はそのドラマの中身を理解したら、その小冊子に夢中になりました。その小冊子は、私の連続公演が終わる前に売り切れてしまいました。これは正しい心の態度の重要性の一例でした。

あなたの「心の態度」とは、その空間内での人々や環境や条件、物体に対するあなたの反応のことです。あなたの同僚との関係はどうでしょう？　人々や動物や宇宙全体に親しみを感じていますか？　要するに、あなたの心の態度とは何か？

先ほどの若い女性の感情的な反応は、根深い偏見の一つでした。それは本を売る上では「間違った態度」でした。彼女は本とその著者に偏見をいだいていました。

あなたが心で同意しない限り、外的なことがらがあなたを動揺させ、傷つけることはできないとはっきり自覚すると、正しい心の態度を育むことができます。

あなたはあなたの世界のただ一人の考える人です。

それゆえに、あなたの心の同意がないのに、何であれあなたを怒らせたり悲しませたり嘆かせたりすることはできません。

外から自分に来る示唆や暗示は、それに駆り立てられ、否定的に考えることに自分を許さなければ、何の力も持たない。あなたはあなたの考える世界の主人です。感情は考えに従う。だからこそ、あなたはあなたの軌道の最高決定者、最高権威者なのです。

あなたは他人があなたに影響を及ぼすことを許しますか？　新聞のヘッドラインや

ゴシップや、あなたを狼狽《ろうばい》させ、心の鬱《うつ》に追いやるような他人のあら捜しを許しますか？　許すというのなら、気分の原因を作り出しているのは自分と認めるほかはない。あなたが自分で感情的な反応を生み出しているのです。あなたの態度は間違っている。

あなたは他人の悪を想像しますか？　そうなら、その感情はあなたの「より深い自己」の中で生まれたものと気づくこと。

悪を想像することは、あなたの健康と成功を否定し破壊することです。周《まわ》りの状況や条件は、あなたがそれを許したときだけあなたに影響を及ぼすのです。

私たちは、自分の意志で、確実に、人生とすべてのことがらに対する自分の態度を変えることができます。自分の運命のリーダーに、魂（潜在意識）のキャプテンになることができるのです。一般に、人は、統制され、管理され、コントロールされた想像力を働かせることによって、自分の環境と心の態度を支配し、主人になることができるのです。

例えば、今、誰かほかの人を、ケチで嘘つきで嫉妬深いと想像します。すると、その感情はあなた自身の中から呼び出した感情とあなたは認めます。状況をひっくり返して、今度は、その同じ人を、正直で誠実で愛情深くて親切な人と思い始めてくださいい。その反応はあなたの中から呼び起こした感情とあなたは認めますね。ということは、つまり、あなたはあなたの態度の決定者でない？

実際、問題全体の真相は、「人生全般に対するあなたの態度を決定づけるのは、あなたの神についてのほんとうの考え方にある」ということになります。つまり、神についての考え方が人生についての考え方になるのです。なぜならば、神は生命だから。神を、自分の考えに応《こた》える精神力ととらえ、それゆえに日頃のものの考え方が建設的で調和的なら、このパワーはあらゆる意味であなたを導き、成功させ、この根幹となる態度がすべてを色づけるでしょう。あなたはポジティブで肯定的な心の態度で、世の中を見るでしょう。あなたのものの見方はポジティブである。それゆえに、あなたは最高のものを期待する喜びを味わうでしょう。

多くの人は落胆した、悲観した人生観をもっています。こういう人たちは不機嫌で、人間の善性を信じず、愚痴っぽい。これはすべてのことがらに反応する心の態度のせいです。

高校に通う16歳の男の子が私に、「わたしは成績がひどく悪いのです。記憶力が低下しています。どうしたらよいか分かりません」と言いました。

たった一つ間違っていたのは彼の心の態度でした。彼は法律家になるために大学に入ることがどんなに大切かを自覚することによって、新しい心の態度を取り入れました。科学的に祈り始めたのです。これは心的態度を変える最も速い方法です。

科学的な祈りでは、思考に反応する原理で解決します。この若者は自分の中に「精神的な力」があり、それがたった一つの「理由とパワー」ということをはっきり自覚しました。さらに、無限の知性が、自分の必要な時にいつでもどこでも教えに来てくれるので、自分の記憶力は完璧だと公言しはじめました。そして愛と善意の気もちを先生たちと学友たちに放ち始めたのです。いまでは、この若者は数年前の彼より大きな自由を満喫しています。彼は、絶えず、先生たちと母親が自分のオールAを喜んでくれているとイメージしています。彼の勉学への態度を変えたのは、望み通りになった結果をイメージすることでした。

前に述べたように、私たちの心的態度はすべて想像力によって条件づけられています。

「今日は最悪の日だ」「商売がぜんぜんうまくいかない」「雨がふっている」「店に客がこない」「金がない」などと想像すると、ネガティブなイメージの結果を経験することになります。

あるとき、男がロンドンの通りを歩いていて、歩道でヘビを見たと思いました。恐怖で半身麻痺《まひ》のようになった。彼はヘビのようなものを見ましたが、それがヘビであるのと同じ心理的、感情的反応を示したのです。

何であれ、ものごとはすてきで気高く評判がいいと想像すると、人生全般に対する感情的な態度が変わります。あなたは人生について何を想像しますか？　人生はあなたにとって幸せなところでしょうか？　それとも、長期にわたる挫折と失敗の連続？

「あなたが仕えるべきあなたを選びなさい」

私たちは、習慣的に思いめぐらせている心のイメージにしたがって、外側の経験の世界を型に入れ、形づくり、整えます。尊く、気高く、喜ばしく、満ち足りた人生の条件と状況を想像してみてください。もし、人生は冷たく、残酷で、困難で、辛《つら》いと思うなら、当然、苦しみと痛みは避けられず、あなたは自分自身の人生をみじめにしています。

今、あなたはゴルフコースにいます。自由で、リラックスし、やる気とエネルギーに満ちています。あなたの喜びは、ゴルフコースの難関を突破すること。障害物をすべて乗り越えようとわくわくしています。

今度はこのシーン。

あなたは葬儀場にいます。これまでに述べた状況とは違う、自分のいろいろな反応に注目すること。葬式の祭壇では、故人の新しい門出を祝福します。言葉では言い表せない美しさと愛の真っただ中で、友人たちに囲まれた、愛するその人を想像します。そこにいるすべての人の心の中に流れる神の平和の川を想像します。

私たちは、どこにいても、自分自身の天国に昇っていくことができるのです。これが想像力です。

「そして、彼は、別の夢を見たので、兄弟たちに言った。『見よ、わたしはまた別の夢を見た。見よ、太陽と月と11の星がわたしにお辞儀した』」

古代のシンボルでは、太陽と月は「意識」と「潜在意識」を表わします。11の星は想像力に次ぐ11の能力を表わします。ここでも、神の啓示を受けた作家たちは「訓練された想像力は心の他のすべての能力より優先され、意識と潜在意識の方向を制御する」と言っています。

50年以上も前のこと、7歳ほどだった私は、父と、アイルランドに点在する石造りのラウンドタワーの一つを調べていました。

父は、もうかれこれ1時間も何もしゃべらなかった。受動的で、受容的で、なにかしきりと考えているように見えました。私は父に何を瞑想しているのかを聞きました。

次は、父の答えの核心の部分です。父が指摘したことは、

「私たちが成長し、発展するのは、ただただ、世界の偉大で素晴らしいアイデアをつくづく考えることによってである」

父は、タワーの石の年齢をじっと見たあと、想像力に誘《いざな》われて、石が最初に形成さ

れた採石場に行きました。そして想像力で石の表層をとり除きました。内なる目で石の組成と地質学上の構成と構造を見たら、石が形成される前の状態にまで時代を遡《さかのぼ》りました。最後に、その石とすべての石、すべての生命と石との一体性を想像しました。父は、神聖な想像力でラウンドタワーを見ることにより、アイルランド民族の歴史を再構築できることを知ったのです。

想像する能力を通して、この教師は、タワー全体に生きている目に見えない人たちの姿を見、声を聴くことができました。想像の中で場所全体がいきいきとしたものになりました。このパワーのおかげで、そこにまだラウンドタワーがなかった時代にまで遡《さかのぼ》ることができたのです。この石はどこで生まれたのか、だれが運んできたのか、何の目的で建てたのか、そして、それにかかわる歴史のドラマを心の中でつむぎ始めました。そして私に言ったのです。

「父さんには、何千年も前に消えてしまった人たちの足音が感じられ、聞こえるようだよ」

「主観的な心」はすべてのものに沁《し》みとおる。それはすべてのものの中にあり、それらが本質になります。永遠の宝庫は、その建造物を構成している、まさにその石の中にありました。命のないものは一つとしてない。すべてのものはいろいろな現れ方をする命なのです。（太陽と月がヨセフにお辞儀した——イマジネーション）。

イマジネーションを働かせると、ほんとうに、目に見えない自然の神秘が自分に明かされるのがわかります。意識の奥深くまで探求できることが、あなたには分かるでしょう。

ある夕刻、私は公園に座って、沈みゆく太陽を眺めていました。その時、突如として、太陽はロサンゼルスの家のようだと思い始めたのです。

私たちの太陽の後ろにはもっと大きい太陽があり、それが無限に続く。天の川のかなたに無限に広がる無数の太陽や太陽系宇宙に思いを馳せ、瞑想することは、想像力をたじろがせます。

この地球は、見わたす限り続く海辺の砂の1粒にすぎません。部分を見るかわりに全体を、万物の統一をこそ見るのです。詩人は言いました。

「すべての部分は一つのとてつもない全体の一部であり、体は本質であり、魂は神である」

実際のところ、宗教はすべて人間の想像心から生まれます。

では、テレビ、ラジオ、レーダー、ジェット機やほかのあらゆる現代の発明の数々は想像力の範疇《はんちゅう》からではないのでしょうか?

想像力は汲めども尽きない無限の宝庫です。音楽、美術、詩、発明といったかけがえのない宝石を私たちに放出してくれる宝石箱なのです。

私たちは古代の廃墟や神殿やピラミッドや、死に絶えた過去の記録の復元を見ることができます。古い教会の庭の廃墟に、その美しさと栄光の中で甦《よみがえ》った現代都市を見ることもできます。

パリの下水道掃除人のチコが、日の光を決して見られなかったにもかかわらず、第7の天国と呼ばれる心の楽園を想像し、そこに住んだことを、憶えていますか。

英国の説教師であり作家のバニヤンは牢獄で、大傑作「天路歴程」を書きました。同じく英国の詩人ミルトンは、盲目であったにもかかわらず、内なる目で見ました。彼は脳みそを火の玉にし、天使との闘いに敗れたサタンに誘惑されたアダムとイブがエデンの園を追われていく物語、「失楽園」を書きました。このようにして、ミルトンは神の楽園というものを世界中の人々にもたらしたのです。

想像力はミルトンの精神的な目になり、神の仕事に取りかからせました。それにより、彼は時間、空間、物質を消滅させ、目に見えない存在とパワーについての真理を生み出したのです。

天才とは潜在意識と親密な関係にある人のことを言います。

こういう人たちは、万有の貯水池の蛇口を開けて、自分たちの問題の答えを受け取るのです。玉の汗でうんうんとうなって頑張るということがない。天才タイプの精神というのは、想像の能力が高度に発達しているのです。

偉大な詩人や作家は、みんな、高度に発達した、洗練された想像の能力に恵まれています。

今、私には、シェイクスピアが、その時代の昔話や寓話や神話に耳を傾けている姿が見えます。今度は座り込んで、心の中で、劇中の登場人物全員の言葉に聴き入り始めました……それから、一人一人に髪の毛、肌、筋肉、骨格をつけ、彼らに命を吹き込みます。みんなを余りにいきいきと動かすので、私たちは、自分のことが書かれていると思います。

想像力を働かせて「父の仕事」につくこと。

「あなたの父の仕事」とは、自分の知恵、スキル、知識や能力を発揮させることに他なりません。そして、自分自身のことのようにほかの人たちのために祈ることです。

あなたが小さな店を切り盛りしているなら、あなたは「父の仕事」についています。それは、想像力を働かせて自分と同じ人間にもっと奉仕をしようと思うことです。


あなたが短編作家なら、「父の仕事」についています。心の中で黄金律についての何かを伝えるストーリーを創り、その物語とすべての登場人物を、あなたの研《と》ぎすまされた精神的な芸術性と知性を通して動かすのです。あなたの作品は人々にとって魅力的な興味深いものとなるでしょう。


人間の真実はいつでもすばらしく、美しい。

小説やストーリーを書くときは、私たちは「真実」に愛らしさと美しさの衣をまとわせます。

さあ、こんどはドングリです。あなたの想像力豊かな目には、とうとうと流れる大河や支流や小川が巡らされた壮麗な森が見えるでしょう。あなたはあらゆる種類の生命をその森に住まわせ、なおその上、すべての雲に弓を掛けるでしょう〔虹〕。砂漠を見て、バラのように喜んで花を咲かせるでしょう。

「イバラの代わりにもみの木を、野ばらの代わりにギンバイカの木を植えよう」

直観力と想像力に恵まれた人間は砂漠に水を見つけ、砂漠と荒野でしかなかった土地に都市を建設するのです。

都市の建築家は、井戸を掘って家を建てる前に、すでに家と噴水が稼働している姿を見ています。

「荒野に水たまりを、乾いた土地に泉を湧かせよう」

あなたはキャンバスに現わそうとしている「その人」の言語に絶する美しさを想像

します。

本物の芸術家なら、不朽の美しさは自然と出てきます。素晴らしいインスピレーションの瞬間がやってくるのです。玉の汗や長時間の頭脳労働とは何の関係もないのです。

イングランドのグリニッジビレッジで、私は、美しい詩を書く詩人に出会いました。その詩人は自分の詩をカードに印刷して売っていたのです。その中には、スピリチュアルな愛の珠玉の作品がありました。彼は、じっとしている時に、すてきなシーンが心に降りてきて、言葉が浮かぶと言っていました。

花や人々や友人が鮮明に彼の心に現われたのです。それらのイメージが彼に話しかけたのです。彼ら自身の話をしたのです。

しばしば、完全な詩や歌や子守歌が、何の努力もしないのに、心の中で完璧なかたちで用意されていたといいます。彼の習慣は、人の心をかき立てる美しい詩を書いているというイメージをもつことでした。

イギリスロマン派の詩人、シェリーは「詩は想像力の表現である」と言いました。詩人は愛を瞑想し、彼の心をかき立てる、見えない知性と自由の愛の詩を書きたいと願う。神の美の呪文を彼にふり掛け、神の永遠の愛に目覚めさせると、彼の言葉は、自由と真実と美の衣をまといます。

偉大な音楽家もそうです。

音楽を演奏するか、作曲する人は「父の仕事」についていています。あなたの父の仕事とは、まず第一に、神が偉大な音楽家であることを認識することです。それから、瞑想し、感じ、演奏すると、自分を通して、内なる音楽が神の愛の歌を歌い、演奏するのが分かるでしょう。そして、それまでにはなかったような演奏がなされるでしょう。

エジソンの発明は、初めはすべて想像の中で構想されました。テスラも、ほかの偉大な発明家も科学者もみなそうでした。

理想をいだき、想像力を働かせ、予測することのできる三階建ての人間が必要だと言ったのは、アメリカの作家オリバー・ウエデル・ホームズだったと思います。自動車のフォードが、車で世界を動かすことを楽しみにしたのは、想像力と夢を見る能力からでした。

想像する能力は、時間と空間の障壁をすべて取り払わせ、取り払うことができます。私たちに、内なる目を通して、過去を再構築し、未来を沈思黙考できるようにさせるのです。創世記で言っているのも不思議はありません。

「イスラエル〔父のヤコブ〕は他の兄弟たちすべてより、ヨセフ（想像力）を愛した」

想像力は、訓練され、精神的な意味を与えられ、制御され、監督されたとき、人間の最も気高い、崇高な属性、つまり、無くてはならない本質的な性質になるのです。

何年か前に私はある若い化学者と話をしました。

彼によれば、彼の上司たちが、ドイツのある染料を数年かけて製造しようとして失敗しました。上司たちと一緒に行った時、任命されたこの若い化学者は、その化合物を合成することができなかった事実を知らされていなかったので、楽々とそれを合成しました。上司たちは驚き、その秘訣を知りたがりました。彼の答えは、想像力で答えを持つことでした。もっと詳しく説明するように迫られて白状したことには、彼には心の中にメラメラと燃える「答え」という文字がはっきり見えた。それで、その真っ赤に燃える「答え」の文字の下に空欄をイメージした。なぜなら、潜在意識がその空欄を埋めることを知っていたから。そうしたら、３日目の夜、夢の中に、その空欄に完全な式と化合物の製造方法が現われたというものでした。

「ヨセフは夢見る人。予言する人」

「彼らは彼を殺そうと企んだ。彼らは互いに言い合った。『見よ、夢想家がやって来るぞ』」

この聖書からの引用を読んでいるあなたの心の中にも、願望や理想や夢の実現を殺そうと企んでいる恐れや疑いや心配があるでしょう。あなたは条件や情況をみる。すると、心に恐れが頭をもたげてくる。にもかかわらず、あなたの中には、実現すれば、平安が訪れ、問題が解決されるという希望的観測がある。

あなたはヨセフのようになって、実践的な夢想家にならなければなりません。夢を実現させると決めるのです。今すぐ、ものごとの見かけと感覚証拠に注意を向ける自分を引き揚げ、そこから離れるのです。たとえ、あなたの感覚があなたの望んでいることを否定しても、「これが真実だ」と心の中で断言するのです。

恐れと疑いの偽《にせ》の神々を追ってさまようあなたの心を連れ戻し、自分の内なる全能の神の中で休ませるのです。あなた自身の心の沈黙と静けさの中で、そこには一つのパワーと一つの存在があるだけ、という事実をつくづく考えること。

今、このパワーと存在が、魂の導き、強さ、やすらぎ、滋養となってあなたの考えに答えようとしています。神の力は答えをもち、今、あなたに道を示してくれていることを知り、精神力の絶対主権をはっきり自覚すること。心の全注意力をそれに集める。それを信頼する。それを信じる。そして、日の光の中を歩く。あなたの祈りはすでに答えられています。


私たちはみんな、コロンブスのアメリカ大陸発見の話を読みました。

コロンブスを発見へ導いたのは想像力のパワーでした。想像力と、もう一つ、神通力への信念が彼を導き、勝利をもたらしたのでした。


水夫たちがコロンブスに言いました。

「望みがすべて消えちまったら、どうするんです?」

彼の答えは、

「お前さんたち、夜明けにこう言うんだろ？『出航、出航、そら出航！』とね」でした。

ここには祈りへのキーがあります。

最後まで忠実であること、絶えず信念に満ち、最後まで粘り強く、結果を予測することができたので、目的は遂げられると確信していたこと。

コペルニクスは、いきいきとした想像力で、地球が地軸を中心に自転していることを明らかにし、古い天文学理論を捨て去らせました。

私たちがみんな、時々立ち止まって、自分たちの考えを振り返り、信念や意見を点検し、「なぜ、自分はそれを信じるのだろう？　その意見はどこからきたのか？」と自問することは、すばらしい考えだと思います。

私たちのもっているアイデアや理論や信念や意見の多くは、恐らくは完全に間違っており、それが何であれ、その信憑性《しんぴょうせい》や正確さを調べることもせずに、真実として受け入れてしまってきたのではないでしょうか。
私たちの父や祖父がある方法で信じていたからといって、私たちがそうすべき理由にはなりません。

ある婦人が、彼女のもっているある考えは、彼女のおばあさんが信じていたので真実にちがいない、と私に言いました。
ばかげている！　代々受け継がれる意識は、真実ではない多くのことを信じます。世代から世代へ受け継がれてきたものは、必ずしも根拠があるわけでも、絶対的でも、権威があるわけでもありません。

前述の婦人は、正直な善意の人で、心理的な真実にひどく腹をたてる心の持ち主でした。彼女は聖書のすべてを言葉どおりに受け取りました。偏見と迷信によって心を働かせ、彼女の確立した信念や意見や先入観に合わない考えはすべて否定しました。

私たちの心はパラシュートのようであるに違いありません。パラシュートは開く。開かなければ役にたちません。

同じように、私たちは目と心を、新しい真実に向かって開かなければなりません。新しい真実や新しい知識に飢え乾き、信念と理解の翼《つばさ》で自分たちの問題を飛び越えられるようにならなければなりません。

今日《こんにち》の有名な生物学者や物理学者、天文学者、数学者はみんな、いきいきとした科学的な想像力に恵まれた人たちです。

例えば、アインシュタインの相対性理論は、彼のイマジネーションの中に最初に現われました。

古代エジプトの墓を研究している考古学者と古生物学者たちは、想像力に富む直観力で古代の情景を再構築します。死んだ過去がよみがえり、活気が戻り、声が再び聞こえてきます。

科学者は、古代遺跡と象形文字を見て、その時代には言葉がなかったことを私たちに教えてくれます。その時代のコミュニケーションは、うなり声、うめき声、ジェスチャーで行われました。

科学者は、想像力により、古代の神殿に屋根をつけ、庭を、プールを、噴水をめぐらすのです。化石になった遺体は、目と腱と筋肉をつけられると、また歩いてしゃべり始めます。

過去は生きた現在になり、想像力の世界では時間も空間もないことに私たちは気がつきます。

想像する能力を働かせると、古今を通じて、もっともすばらしい作家の一人になることができるのです。

少し前、ロサンゼルスのウィルシャー・イーベル・シアターで、私は日曜日の聴衆に、「黙示録の第21章」について講義をしました。

その前夜、以下の聖句の内的意味を瞑想していた私は、この類《たぐい》まれなる韻文を書いた神秘的な先見者が現われ、深い交流があったと、確かに、直観的に感じました。

「そして私ヨハネは、聖なる都、新しいエルサレムが夫のために飾られた花嫁として、天から降りてくるのを見た。すると天から大きな声がした。『見よ、神の幕屋《まくや》は人々と共にあり、彼は彼らとともに住み、彼らの神となる』」

今、あなたは自分自身の心の回廊を歩き、心を流れる穏やかな神の川を見て、ひそかに感づいているのではないでしょうか？

今、あなたは、聖なる都――あなた自身の心――にいるのです。そこは無上の幸福、喜び、信頼、調和、愛、善意のすてきな人々の住むところです。

神の晴れ晴れとした美しさにおおわれたあなたの心は喜びに満ち、気高く、神のようです。あなたは、心理的にも精神的にも、神と善いものすべてと結婚しているのです。無限と同調し、神の永遠の真実が絶えずあなたの心に沁《し》み込んでくるので、婚礼衣装を身につけています。想像の中で、あなたは神の幕屋《まくや》になり、神の聖霊が飽和し、あなたのあらゆる部分を満たします。あなたの想像力は、今、激しく興奮しています。あなたは神に酔いしれ、神の抗体、神の存在をあなたの心の部屋に受け入れます。

あなたは岩をみる。すると、あなたの気高い想像力はその中に閉じ込められているマドンナを見いだし、美と喜びのビジョンを描くのです。

決して、決して、想像力をネガティブに使ってはいけません。決して、ゆがませてはなりません。ねじらせてはなりません。

病気や不幸な出来事や喪失を想像することは、精神的に自分を追い詰めることです。病気や欠けていることを想像することは、心の平安を、健康を、喜びと満足の幸福を破壊することです。

あるとき、船上で、夕日を眺めていた船客が、「ああ、しあわせ！　これが永久に続いてくれたらなあ」と感嘆の声を挙げるのを聞きました。

私たちは今までに何度、身も心も洗われるような美しい朝陽を見て、「これが永久に続いてほしい」と言ったでしょうか？

この移ろいゆく世界で、永久に続くものなどありません。しかし、神の心理は永遠に続きます。

夜は暗闇を従えますが、また朝がきます。薄明りがまた射してきます。私たちはものごとに留まっていてほしくない。自分もまた、留まっているわけにはいかないのです。内にも外にも、打ち勝つべき新しい世界があるからです。

永遠の変化はすべての生命の根源です。


私たちは型にはまった生き方はしたくない。

問題は人生の中で答えを見つけるものです。

私たちの最大の喜びと満足は、人生の困難に打ち勝つこと、克服すること。もし、私たちが変化を経験しなければ、人生は耐えがたい、我慢できないものになるでしょう。ものごとの単調さにうんざりするでしょう。夜と昼、寒さと暑さ、引き潮と満ち潮、夏と冬、希望と絶望、成功と失敗を味わうのです。私たちは反対のことを通り抜けているのに気づきます。

自分の望むものを想像し、その現実を主観的に感じる力を通して、対立するものを調和させ、心に平安をもたらすのです。

愛する人を失った悲しみや苦痛、喪失感のただ中で、鳥の二つの翼――「想像力と信念」が、あなたを、まさに父なる神のふところに連れて行ってくれ、そこで、あなたは魂の平安と慰めと天上のやすらぎを見いだします。

想像力で、神のまことの顔――真実を見るのです。神は涙をすべて拭き取ってくださり、もはや泣くことはありません。人間の心のもやや霧は神の愛の陽光の中で、すべて消え去ります。

「そして神は彼らの涙をすべて拭き去る。そこにはもはや、死も、悲哀も、嘆きもない。また、痛みもない。以前のものは過ぎ去った。見よ、私はすべてのものを新しくする」

（黙示録４・５）

夜が暗いと、出口が見えません。それは、あなたの問題が最も深刻な時は、想像力を救い主にしなさいということです。

「わたしが、丘［想像力］を見上げると、そこから助けが来る」

（詩篇１２１章・１節）

丘は、あなたの内なる山脈――内なる神の存在です。神の導きとインスピレーションを求めるとき「無限の知性がわたしを導き、案内してくれる」、あるいは「神の知恵が私の心にあふれ、高みから私を奮い立たせてくれる」というように、神の真実の星をじっと見つめてください。

あなたの内部には、デザイナーと建築家と職工がいて、心の骨組みとなるものを必要としています。あなたの考え、感情、信念を必要としているのです。それらを型に流し込み、平和か不和、健康か不健康の人生をあなたにもたらすのです。あなたは第三の天国に行く人生を想像することができます。そこでは、言葉では言い表せない神のことを見るでしょう。あるいは、想像力のゆがんだ病的な使い方で、奈落《ならく》の底《そこ》に沈んでいくか。

人は神の幕屋《まくや》なので、その人がどれほど深く沈もうと、その人に奉仕をしようと、癒《いや》しの存在が待っています。それは、私たちの内部で、私たちが呼び求めるのを待っているのです。

あなたはあらゆる商取引において、すばらしい方法で想像力を使うことができます。いつでも、その人の立場に立って想像力を働かせるのです。これがあなたに何をすべきかを教えてくれます。あなたが相手に表現してほしいと願っていることを、その人が表現していると想像するのです。「そう見える彼」ではなく、彼の本来のあるべき姿、つまり「ほんとうはこうであろう彼」を見るのです。多分、彼は間違いなく、しんらつで、人に手厳しく、敵意のある人物でしょう。そこには、潜在的にたくさんの挫折感と悲劇的要素が隠されています。何であれ、ものごとはすてきで評判がよいと想像するのです。すると想像力の働きのおかげで、彼を神の衣でおおうことができるでしょう。

神の理想の世界と神の永遠のアイデアは彼の内部にあり、生まれて解き放たれるのを待っています。あなたが望めば「神は彼の中で生まれるのを待っている」と言うことができます。ドアを開け、その人の心の中に神の愛の火を灯《とも》すと、恐らく、あなたの灯したその火花は神聖な火となって燃え上がるでしょう。

世界で最も偉大で最も豊かな美術館は、神の真実と美しさにささげられた心の美術館です。

レオナルド・ダ・ヴィンチは、天賦《てんぷ》の想像力により、キリストと十二使徒と、それらの意味するところに思いをめぐらせました。
深い瞑想に沈んだ彼の想像力は、彼の内なる無限の貯水池から完璧な絵を分泌し、完全な集中力によって、彼の内なる目が内部の粒子を燃え立たせたので、インスピレーションが降りてきました。そうしてその超人的な神聖なイメージから、代表作「最後の晩餐《ばんさん》」が生まれたのです。

あなたは、今、静かな湖か山の頂《いただき》を訪れています。穏やかでひんやりした静かな表面がどのように天空を反映しているかに注目してください。精神的な人間の静かな心も、神の内的な光を反映しています。

あなたの人生の理想は何ですか。
それを心に描くこと。その理想で生きるのです。想像力に理想を追いかけさせるのです。理想を想像力の虜《とりこ》にさせるのです。あなたは理想にわくわくする！　あなたは心を支配している理想の方向に動くでしょう。人生の理想とは、人の心の不毛の地に移動してはその人をリフレッシュさせ、励ましてくれる天国の雫《しずく》のようです。

インスピレーションを受けた作者の想像力は、彼の書くときの真実で燃え上がりました。

「神の都に、いと高き者たちの幕屋の聖地を喜ばせる川の流れがある」
（詩篇46章・4節）

今では、想像力が「あなた」を心理的に神に戻してくれる川であることを、あなたは知っています。川と小川はあなたの考えと感情。そこにはあらゆる場所に住むすべての人々へ発する、あなたからの愛と善意も含まれます。

人は、時間の回廊を通り抜け、世界を見ます。

すると、そこには病気、混乱状態、人間の人間に対する残虐行為が見えます。制御された想像力をもった人は、すべての見かけ、対立、感覚証拠より高く舞い上がり、ものごとすべての中と背後で機能している調和の荘厳な原理を見ます。

その人にとっての神のイメージにより、万物の後ろには宇宙全体を支配している永遠の正義の法則、永久に続く平和、限りない愛のあることを知るのです。これらの真理は心を通り抜け、心をおおうベールを想像力で突き破り、神と天国の中で休むという意味の永遠の真実から生まれます。

想像力は「神の工房」と言われた仕事場でした。想像力は、時間の回廊を通り抜け、永遠に生き続ける魂の宝石のような、この比類のない著述家にインスピレーションを与えました。

やさしい美しさのゆえに、気高いイメージのゆえに、神の存在の有効性と内在性の扱いにかけては、旧約聖書で、これらの詩を書いたこの作者に並ぶ者はいません。

「彼は天使たちにあなたを任せて、あなたをあらゆる方法で守るからです」
（詩篇91章・11節）

「わたしはあなたの霊からどこへ行こうか？　あるいは、あなたの前からどこへ
逃げようか」

「わたしが天に昇るなら、あなたはそこにいる。わたしが地獄に寝床をつくったら、
見よ、そこに芸術がある」

「わたしが朝の翼をとり、海の果てに住んでいるとしたら、そこでもあなたの手
は私を導き、あなたの右手はわたしをつかむ」

第二章

Chapter Two

# 潜在意識の活用と重要性

聖書が書かれるずっと前に、古代の知恵は言いました。

「人は心で考えるように、そのようになる」

この古代の教えは時の夜に失われる。それは古代に失われる。

聖書では次のように述べています。

「人は心で考えるように、そのようになる」

伝説によると、何千年も前のこと、中国の賢者たちが偉大な賢人の指導の下に集まり、残忍な侵略者の膨大な伝説が国土を荒らし、略奪しているという事実について話し合った。解決すべき問題は、「どうしたら侵略者の破壊から古代の知恵を守ることができるか?」でした。

そこには多くの提案がありました。ある者は、古代の巻物とシンボルはヒマラヤ山脈に埋めるべきと言い、またある者は、知恵はチベットの僧院にかくまおうと言った。残りの者たちは、インドの聖なる寺こそ自分たちの神の知恵の保護に理想的な場所だと言いました。

話し合いの間中、リーダーの賢者は何も言いませんでした。それどころか、皆が話している最中に居眠りを始め、大きないびきまでかいたではありませんか。みんなの心細さといったら!

やがて、リーダーの賢者は目を覚ますと、皆に言いました。

「タオ［神］が答えをくださったぞ。それはこうだ。中国の偉大な画家、それも天から授けられた想像力（神の工房）をそなえた芸術家たちを呼んで、われわれの成し遂げようとしていることを伝えるのじゃ。真理の秘密を伝授するのだ。画家たちはその偉大な心理を絵画の形式でいきいきと表現するだろう。そうすれば、それらはこれから生まれてくる数えきれない世代に渡って、永久に保存されるだろう。画家たちがこの一組の絵札を完成し終わったら、この新しく生まれたゲームを世界中に知らせるのじゃ。世界の人々は、この単純な装置を通じて神聖な教えがすべての世代に受け継がれていることを知らずに、いつの時代もそれを運任せのゲームとしてあつかうことだろう」。これが私たちのトランプの起源です。

伝説によれば、この中国の古代の賢者はこうも言ったそうです。

「たとえ、神聖な文書がすべて破壊されても、カードに表わされたさまざまな象徴的な教えと内に秘められた意味を通して、それらはいつでもよみがえることだろう」

想像力はあらゆる考えに表現をまとわせ、形を与えます。想像力の神々しい芸術性を通して、この画家たちはいきいきと描いて表現しました。想像力を働かせている間に、深い自己に隠されていた芸術性がはっきりと顕れてきます。想像力を通して、潜在的に存在するものや、あなたの中に眠っているものが、思考として形を与えられるのです。わたしたちはそれまではっきりと形を成さなかったものをじっくりと考えることができます。

簡単ないくつかの例を挙げましょう。あなたは結婚しようと思っていました。その時、あなたの心の中には、いきいきしたリアルなイメージがたくさん湧いてきました。あなたは想像力で牧師かラビか司祭を見ました。牧師の言葉が聞こえます。花と教会が見えます。音楽が鳴っています。あなたは想像の中で、ハネムーンにナイアガラの滝かヨーロッパへ旅行しました。これは全部、想像力のなせる業《わざ》です。

同じく、卒業を控えたあなたは、心に美しいドラマを描きました。あなたは卒業式の日のドラマをすべて形にしました。大学の教授か学長が卒業証書を授与するところを想像しました。学生たちはみんなガウンを着ていました。お母さんかお父さん、またガールフレンドかボーイフレンドがあなたを祝ってくれる声を聞き、抱きしめてキスしてくれるのを感じました。リアルで、ドラマチックで、エキサイティングですばらしかった。イメージはどこからともなくあなたの心に現われますが、あなたが理解し、認めなければならないことは、あなたが見たこれらすべてのイメージを心に浮かばせ、それらに命と動きと声を与えたのは、その力をもった「内なる創造主」であったし、今もあなたの中に存在しているということ。これらのイメージは言っています。

「あなただけのためにわたしたちは生きている！」

軍隊で、除隊前のある若者が、私に次のように言いました。

「私には母がはっきり見えます。今、私を喜んで迎え入れてくれている母の姿が見えます。懐かしい我が家。父がパイプをふかしています。妹は犬に餌をやっています。わたしには家の隅々まで見えるのです。家族の声が聞こえます」

これらの生々しいイメージはどこから来るのでしょうか?

イギリス・ロマン派の詩人、キーツは、次のように言いました。

「人間には先祖からの知恵があり、望めば、天国の古いワインでさえ飲める」

私たちの中の精神、あるいは神は、想像力を基盤にしています。

私は、かつて、ロンドンで試験を受けたことがあります。その時、一つの重要な質問の答えがわかりませんでした。私はじっと静かにしていました。

そしてリラックスして瞑想しながら、「神が答えを示してくださる!」とゆっくり、何度も、言ったのです。

その間、私は他の簡単な質問に答え続けました。

意識をリラックスモードにすると、主観的な知恵が前面に出てくることがわかっています。ほどなく、答えのイメージが鮮明に私の心に現われたのです。それは本の1ページのような言葉で、頭の中にグラフとして答えが全部そっくり書き出されていました。意識や知性よりも強力な知恵が私を通してしゃべったのです。

私のところに来る、とても信心深い14歳くらいの男の生徒がいました。その子は問題が起きたらいつでも私のところに来て、イエスが自分に話しかけてくれ、問題の答えをくれ、何をすべきか教えてくれると言っていました。

彼のお母さんは重い病気でした。この男の子は豊かな想像力をもった子でした。彼はイエスが熱で女の人を治す話を読みました。

私の小さな友人は、私に、「昨夜、イエスが『行きなさい。あなたのお母さんは完全に治っている』と言っているところを想像しました」と言いました。

彼はそのドラマを、信心と信念であまりにリアルにいきいきと強烈なものにしたので、主観的に聞いたことが確信になりました。

彼のお母さんは完全に治りました。それまでは絶望的で、医療の助けが望めませんでした。

心の法則の学生であるみなさんには何が起こったのかわかりますね。

彼は、自分がイメージしたことと自分は「一体」という感覚に自分を駆り立て、信心と信念でそれをもたらしました。そこには、一つの心と一つの癒しの存在しかありませんでした。少年が意識を、「お母さんは完全に健康」という確信に変えたら、お母さんの心に完全な健康という感覚が同時に蘇《よみがえ》った。

彼はスピリチュアルな癒しや想像力のパワーについては何も知りませんでした。無意識のうちにその法則を操縦し、イエスがほんとうに自分に話しかけてくれていると信じたのです。そうしたら、彼の信じる心にしたがって、それは彼に起こりました。

何かを信じることは、それを真実と受け入れることである。これが、パラケルススが、16世紀に、次のように言った理由です。

「信じる対象が真実であろうと偽りであろうと、同じ結果を得る」

そこには、精神的な癒しの「原理」が一つと、さらに癒やしの「プロセス」が一つあるだけです。

「信じる心にしたがって、それは起こる」

癒しには多くの方法やメソッドやテクニックがあり、それは全部、結果を出します。それは特別のテクニックやメソッドだからではなく、その過程での想像力と信じる力のゆえに結果が出るのです。それらはすべて、一つの癒しの根源の栓をひねる。それは神である。癒しの無限の存在はすべてのものに沁みとおり、いつでもどこにでもいます。

プードゥー教のドクターは呪文を唱えて結果を出します。ハワイのフナも手を当ててそうするし、新思想とキリスト教科学のさまざまな分野、ナンシー医学部、オステオパシーなどもそうです。これらの考えはすべて意識レベルにまで達しており、善を行っています。

人間の苦悩、悩み、悲嘆を軽減するどんなメソッド、プロセスも善い。多くの教会は祝福を受ける人の頭に手を置く按手《あんしゅ》を実施しています。その他の人々は9日間の祈りのノベナを行い、礼拝堂を訪れます。すべての人は自分たちの精神的な受け容れ、つまり信念に応じて恩恵を受けます。

あなたが神とともに独りで立ち、現象主義の世界にはもう力を注がないと決心するとき、つまり、結果の世界を生きる理由にすることをやめるとき。自分の中の精神力にすべてをささげ、それを唯一の存在と唯一の理由と認めるとき、あなたはいかなる種類のいかなる支えも要らなくなります。

あなたの身体を造った「生きた知性」はあなたの信じる心と理解に即応し、あなたはすぐに精神的な癒しを受けるでしょう。例えば、あなたが祈りによって欠けた歯を生やすレベルまで達していなければ、当然するべきことは歯医者に行くことです。例えで歯の例を出しましたが、自分がそのレベルに達していないのに、一概に言葉どおりに受け取って、真似をしてはいけません。

想像力の威力をもう少し説明するために、結核を患っていた私の近い親戚の話をしましょう。

彼の肺はかなり悪化していました。彼の息子は父を治す決心をしました。息子は父の住む西オーストラリアのパースに帰り、次のように言いました。

「自分は修道僧に会って、本物の十字架の破片を500ドルほどで買った。（この若者は歩道で拾った木片を宝石商のところに持っていき、本物に見えるように指輪に取り付けてもらった）。そして、多くの人がこの指輪か十字架にさわっただけでたちどころに癒《いや》された」。

この年老いた善良な紳士は、息子からその十字架を奪い取るほどに想像力を刺激され、燃え上がらせました。父は指輪を胸の上に置き、静かに祈り、眠りにつきました。

朝になると、父は治っていました。病院での検査はすべて陰性でした。

彼を癒したのは道で拾った木片でないことは、あなたはもちろん知っています。それは強烈に呼び起こされた想像力と、完全に癒されるという確信からくる期待感からでした。

想像力が信心という主観的な感情と合体したのです。想像力と信じる気持ちの２つの結合が癒しをもたらしました。

父は自分に仕掛けられたトリックをまったく知らないままでした。もし、知ってしまっていたら、おそらくぶり返していたでしょう。彼は治ったまま、それから15年生き、89歳でこの世を去りました。

私は、ここ、ロサンゼルスのビジネス界で頂点に立った実業家を知っています。

ＣＥＯの彼は私に、彼がその30年間で下したもっとも重要な決断は、すべて想像上のパウロとの会話が基《もと》になっている、と言ったのです。

もっと詳しく説明してくれるように頼むと、彼は、ビジネス界で、聖書の著述家や偉大な先見者から助言を受けるという想像上のイメージをドラマ化して、心の中で素晴らしい導きや助言が得られることに気づいた人はほとんどいなかった、と言いました。

この成功したCEOの話をできるだけ正確に引用しましょう。

「わたしは、会社を何度も繁栄させたり倒産に追い込んだりしたのは、自分の決断のせいだと思った。どうしたらよいか分からなくなり、ためらい、高血圧になり、心臓病になった。ある日、私はひらめいた。『なぜ、自分はイエスかパウロに尋ねないのだろう?』。わたしは聖パウロからローマ人への書簡である「ロマ書」を愛していたので、ある重要な決断を下さなければならなかったその時、パウロが自分に話かけている想像をした。『あなたの決断は完璧である。あなたの会社は繁栄する。息子よ、あなたに祝福を！　神の道を歩み続けよ』。パウロに会って声を聞いたこのイメージの後、心の中で穏《おだ》やかさと静けさの波が私をとらえた。以降、すべての決断において、私は安心していられた」

これは、自分は正しい行動をとっていることを確信するために、想像力で神聖な導きを受けるというこの実業家のやり方でした。

この世の知性の原則は一つだけ。ほんとうに必要なことは、

「今、神が私を導いてくれている。私の人生には正しい行動があるだけ」

と言って信じること。

トロワードが言うように、心は三段論法のように働きます。

前提が正しければ、結論や結果は前提と一致します。主観的な理由は演繹的《えんえきてき》な時だけなので、結果や結論は常に前提と一致するのです。心に正しい前提を確立すること。すると、正しい行動をとらなければならなくなります。

心の中の動きが行動となって現れるのです。外的な動きや動作は、心の中で起こった内的な動きに身体《からだ》が自動的に反応した結果なのです。外的な動きは内的な動きの反

映なのです。友人や同僚があなたのすばらしい決断を祝福してくれている声を聞くと、人生に正しい行動の動きが生まれます。

正しい行動の信念を心に植えつけるために聖パウロを用いたこの男性は「知性の永遠の法則」を使っていました。心のその場所に行きつく彼のテクニックは余り重要ではありません。

ゲーテは難しいこと、苦しいことに直面した時、賢くも想像力を使いました。彼の伝記作家は、ゲーテが何時間も静かに想像上の会話をしていたと、指摘しています。

向かい合った椅子に座った一人の友人が正しい方法で彼に答えを与えている場面を想像することが彼の習慣だったことはよく知られています。つまり、ゲーテは、何か気になることにぶつかると、友人がいつものジェスチャーと声の調子で、自分に正しい答えをくれていると想像したのです。

私は、ここニューヨーク市のスタインウェイホールで行った私の授業によく出席してくれた、ある証券ブローカーと懇意になりました。

彼の金融上の困難の解決法はシンプルでした。彼は、億万長者の銀行家の友人と想像上の心理的な会話をしたのでした。その友人は彼の賢く堅実な判断を祝福してくれ、適切な株の購入を褒《ほ》めてくれた。彼はこの架空の会話が心理的に真実として心に定着するまで、芝居《しばい》がかりに行《おこな》いました。

ウスペンスキーの教え子、ニコルスは次のように言いました。

「自分の心の中の会話をよく観察して、目的と一致させるように」

この証券ブローカーの心の中の会話は、自分自身と顧客のために健全な投資をするという彼の目的と完全に一致していました。彼は、「私の実業家人生における大きな目標は、人々のためにお金を儲け、私の適格な助言で顧客たちのうるおう姿を見ることです」と言いました。彼が「心の法則」を建設的に使ったことは疑う余地がない。

祈りは習慣です。

このブローカーは習慣的に、常に心の中のイメージに戻って行きました。彼はそれを深い主観的なパターンにしたのです。主観的に具体化されたものは客観的に表現される。心の暗い部屋で発展したものが「持続的」な心のイメージになるのです。あなたの心の映画をしょっちゅう上映すること。心のスクリーンにそれを映し出すことを習慣にすること。しばらくすると、それがしっかりした習慣的なパターンになるから。あなたが心の目で見た映像は公然とした明らかなものになります。

「彼は存在しないものを存在するかのように呼び、見えないものを見えるようにする」

多くの人々は、想像力を働かせて自分たちのジレンマや問題を解決します。想像して真実と感じるものはなんでも必ず実現すると知っているのです。

少し前、ある若い女性が、5年も続いた複雑な訴訟に巻き込まれていました。解決が見えないまま、次々と延期がありました。

私の提言により、彼女は、結果について彼女の弁護士が彼女と活発に議論している様子をできるだけ鮮明にドラマのようにイメージし始めました。

彼女が質問すると、弁護士が適切に答える。やがて、彼女は、何年も前にフランスの精神療法学派が提唱したように、このすべてを短いシンプルな言葉に凝縮しました。彼女は彼にそれを何度も何度も繰り返させました。

彼女が弁護士に伝えた言葉は、「完璧で円満な解決策が見つかりました。事件全体を法定外（示談）で解決します」でした。

彼女は暇さえあればこの心の映像を見続けました。レストランで一杯のコーヒーを飲む間にも、ジェスチャーや声や音響効果付きのメンタルムービーを上映したのです。

彼女はその映画をあまりにたびたび上映したので、それは主観的パターン、つまり

「線路、レール」になりました。それは彼女の心に書き込まれました。
聖書では、「彼女の心に書き込まれ、彼女の内部に刻みつけられた」となります。
彼女の結論は、「神が動いた」、つまり、一切を含む調和と平安を意味します。（調和は神からのもの、訴訟で望むのは調和のとれた円満解決）

想像力の科学では、何よりもまず、想像力を訓練し始めて、暴走させないようにしなければなりません。科学は純粋さを求めます。化学的に純粋な物質を取り出す場合、異物と他の物質の痕跡をことごとく取り去るでしょう。言い換えれば、あなたは不純物を分離し、取り除かねばなりません。

あなたは、種々さまざまなネガティブな心理的癒着のような、心理的に不純な物をすべて取り除かねばなりません。

あなたは、注意力を理想に集中させるべきであり、人生の目的や目標から逸《そ》れないようにしなければなりません。愛と忠実な心で理想の真実に没頭するなら、あなたの中で願望が具体的になるのが分かるでしょう。旧約聖書のヨシュア記では言っています。

「今日、あなたが仕えるべきあなたを選びなさい」

あなたの選択が、「すてきなことや良い報告になることなら何でも想像してみます」となりますように。

私は、この天賦《てんぷ》の能力を逆に悪魔のように使う多くの人々を知っており、話をしてきました。

例えば、このお母さんは息子のジョンに何か悪いことが起きたと想像します。どうして？　帰りが遅いから。彼女は想像します。事故、病院、手術室のジョニー*、などなど……。〔*ジョンの愛称〕

事業はうまくいっているのに、悲観的な想像にふけるこのビジネスマンは、想像力を破壊的に使うもう一つの例です。

彼はオフィスから帰ってくると、心の中に失敗の映画を上映しては、空っぽの棚を見、破産、銀行残高ゼロ、そして、事業が閉鎖される想像をする。実際にはずっと利益が出ているのにもかかわらず。

彼のネガティブな心象風景には真実というものが何もない。真っ赤な嘘。つまり、彼が恐れていることは彼の病的な想像の中以外には存在しないということ。彼が恐れの感情でチャージした病的な映像を見続けなければ、失敗は現実のものにはなりません。もちろん、いつもこの映像に耽《ふけ》っていれば、失敗は現実のものになります。

彼には失敗か成功かの選択肢がありました。彼は失敗を選びました。

慢性的な心配性の人たちがいます。

こういう人たちは良いことや素敵なことは一度も想像したことがないように見えます。悪いことや破壊的なことならいつも起こると知っているようです。

良いことは起こるし、起こって当然という理由を、この人たちは一つも言うことができません。それなのに、悲惨なことや悪いことが起こる理由はちゃんと用意されています。

なぜ?　理由は簡単。

こういった人たちは習慣的にネガティブだからです。

つまり彼らの考えることは、いつもネガティブで、混沌《こんとん》としていて、破壊的で病的な性質のものだから。

このようなネガティブパターンの考えを習慣化し続けると、潜在意識をネガティブに条件づけてしまいます。想像力は勝《まさ》っている方の気分と感情に支配されるのです。これが、彼らが愛する者にさえ悪いことを想像する理由です。

例えば、息子が軍隊に入ったとします。彼らは、息子が風邪を引く、アルコール中毒になる、道徳的にルーズになると想像する。戦闘中ともなれば、撃たれると想像し、ありとあらゆる種類の破壊的なイメージに心が占領されてしまいます。これは習慣という催眠術の呪縛《じゅばく》のせいであり、彼らの祈りには効力というものがまったくない。

今すぐ決めること！　そして、建設的に調和的に考え始めるのです。考えることは話すこと。あなたの考えはあなたの言葉。

あなたの言葉を蜜の滴《したた》りのように、耳に甘く、骨にやさしくするのです。あなたの言葉を「銀の彫り物にはめた金のリンゴ」のようにするのです。

未来とは大人になった現在のこと。見えなかった自分の言葉や思考が見えるようになったのです。

あなたの言葉は耳に甘いでしょうか？　この瞬間の心の中のおしゃべりは何ですか？　誰にもあなたの言葉は聞こえません。あなた独りの静かな考え。

多分あなたは自分自身にこう言っています。

「わたしにはできない。そんなことは不可能だ」「わたしは歳を取り過ぎた」「わたしに何のチャンスがあるというのだ？」「マリーにはできる。でもわたしにはできない。わたしにはお金がない。あれこれ買う余裕がない。わたしはもうさんざん試した。しかたがない」

あなたの言葉が蜜の滴りでないのがお分かりでしょう。耳に甘くないでしょう？こういう言葉はあなたを高めることも奮い立たせもしません。

ウスペンスキーは、いつも、内的スピーチ、内的会話、内的おしゃべりの重要性を強調しました。それは実際に内側を感じる方法だからです。内側は外側を映すからです。あなたの心の中の言葉は骨を癒していますか？　あなたを高め、わくわくさせ、しあわせにさせているでしょうか？

「骨」は保護と均衡《きんこう》の象徴です。あなたの心の中のおしゃべりを、自分を励まし、強くさせるものにするのです。

「しかし、お言葉はあなたの近くにあり、あなたの口と心にあり、あなたはそれを行うことができる。見よ、私は今日、あなたの前に命と善、死と悪を置く」

今、決心して、わざと宣言しましょう。

「この瞬間から、わたしは、自分を癒し、祝福し、奮い立たせ、元気にさせてくれる考えだけに、自分の心を費《つい》やすことを宣言する」と。

今から、あなたの言葉を「銀の彫り物にはめた金のリンゴ」のようにしましょう。りんごはきわめて甘美な果物。「金」はパワー（力）を意味します。「銀の彫り物」は、聖書では「あなたの願望」なのです。あなたの心の中の「絵」はあなたが望むもの。あなたのあふれんばかりの願望の絵なのです。それは新しい役職かもしれないし、健康かもしれません。あなたの言葉と内なる静かな考えと感情を、「銀の彫り物の絵」、「願望」と一致させるのです。

願望と感情は心の中で合体すると答えられた祈りになります。

聖書の想像力に従い、あなたの言葉を耳に甘くさせましょう。

今、あなたは耳に何を聞かせていますか？　何を聴いていますか？　あなたは何に注意を向けていますか？　あなたが注意を向けるものは何でも、あなたの経験の中で成長し、大きくなり、増殖します。

「信仰は聴くことからくる」

と、パウロは言っています。

神の偉大な真理に耳を傾けましょう。神の声に耳をそばだてましょう。

神は何語で話すのかって？　ゲール語でもフランス語でもイタリア語でもありません。万人に通じる言葉――愛、平和、喜び、調和、信念、自信、そして善意の言葉です。あなたの耳に、この神の特質と可能性の言葉を聴かせましょう。

心理的にこれらの特質を食べるのです。これを続けているうちに、あなたは肯定的で永続する特性に条件づけられ、愛の律法があなたを支配するようになります。

よく引用される次の言葉を聞いたことがあるでしょう。

## 「人は神の似姿《にすがた》に造られている」

これは、「精神、または心は一つなので、あなたの心は神の心」という意味です。あなたの精神は神の精神なので、あなたは神が創造する方法とまさしく同じやり方で、同じ法則を通して創造すると言っているのです。

あなたの個人的な世界、つまり、経験、条件、状況、環境、身体の健康はもちろんのこと、あなたの経済状態、社会生活からなるあなたの世界は、あなた自身の心の中のイメージと、あなた自身の似姿から造られています。

似たものは求め合う。

あなたの外側の世界は、あなたの日頃の考え、感情、信じる気持ち、そして内的会話からなる内側の世界をあなたに映して見せている鏡なのです。

あなたの内的世界とは、あなたの思考、感情、信念、そして内的会話のことです。

あなたが、自分に邪悪な力が働いている、縁起が悪い、他の勢力や人々が自分に敵対しているなどと思い始めるものなら、心の中のこのような否定的なイメージや恐れに応えるために、より深い心の応答が起こります。

その結果、あなたは言い始めるのです。すべてが自分に歯向かっている。そして、業《ごう》、前世の因縁、悪霊《あくりょう》のせいにするのです。

ほんとうに、ただ一つの罪は無知です。痛みは罰ではありません。

それはあなたが内的パワーを誤って使った結果なのです。「一つの真実」に立ち返ること。そして、そこには「一つの精神力」があるだけ。それはあなたの心の考えとイメージを通して機能することを理解すること。

問題や腹立たしさや衝突は、実際、人間が恐れや間違いの偽《にせ》の神を追ってさまよった結果なのです。中心に――内なる神の存在に戻らねばなりません。あなたの中にある、「すべての生命の本源」である、この内なる「スピリチュアルパワー」の統治権と権限を宣言するのです。神の導き、強さ、滋養、平和を断言するのです。このパワーはそれに応じて答えます。

では、これから、考えやイメージを、潜在意識に確実に肯定的に伝える方法をお伝えしましょう。

ほんとうに、人の意識は個人的で選択的です。選び、精選し、秤《はかり》にかけ、分析し、解剖し、吟味する。帰納的《きのうてき》で演繹的《えんえきてき》なのです。

主観的な心、あるいは潜在意識は、意識の支配下にあります。意識の召使いといわれることがあります。潜在意識は意識の命令に従うのです。あなたの意識的な思考には力があります。あなたがよく知っている力が思考です。思考の後ろには「心」、「精神」または「神」がいる。焦点が合わされ、指揮された思考が主観レベルに達すると、ある程度の強度を帯びます。強度は集中によって獲得されます。

「集中すること」は、中心に戻り、あなたの中で微笑みながら静かに横たわっている内なる「無限のパワー」にじっと目を凝らすことです。正しく集中するためには、心の車輪を休め、静かなリラックスした精神状態に入って行く必要があります。集中すると、考えが一つになります。そうして、あなたはすべての注意力を、理想、目的、目標に集中させます。

あなたは今、焦点または中心点にいます。そこは、あなたが自分のメンタルイメージに全注意力と献身をささげている地点です。注意力を集める手順は、むしめがねが太陽光線を集めるそれと似ています。太陽光線のちりぢりになった振動の効力と、中心点から発される振動の効力は違います。むしめがねで光線を向けると、向けられた対象物は燃え上がります。心のイメージでも、集中され、固定化された注意力は、同様の強さを得ます。

そうして、深く長持ちする印象が、潜在意識の敏感なプレートに焼き付けられるのです。

印象が造られるまでに、あなたは何度でもこの心のドラマを繰り返さなければならいかもしれませんが、より深い心の受胎の秘訣は、絶え間のない、持続した想像力なのです。

日中、ふと恐れや心配が襲ってきたら、あなたはいつでもすぐに、心の中のすてきなイメージをじっと見ることができます。そうして、あなたは今、暗い部屋で自分のために働いている明らかな心の法則を操縦している自分に気づきます。

人間の意識はモーターで、潜在意識はエンジンです。モーターを始動させて初めて、エンジンが動くでしょう。意識は、潜在意識のパワーを目覚めさせるダイナモ（発電機）なのです。

あなたの明確にされた願望や考えやイメージを、より深い心に伝える第一ステップは、注意力を固定化し、じっと静かにすることです。この静かでリラックスした、安定した心の態度が、精神が外部のことがらや誤った考えに理想の吸収を妨げられるのを防ぎます。その上、静かな受け身の受動的な心の態度は、労力を最小にします。

二番目のステップは、あなたが望むもののリアリティーをイメージし始めることです。

例えば、今、あなたは家を売りたい。

私は不動産仲介業者から個別相談を受けたときに、自分の家を売った方法を話したら、彼らはそれを適用して、驚くべき結果を出しました。

私は自分の家の前庭に看板を立てました。

「売り家。所有者より」

看板を立てた翌日、私は、眠りにつきながら、自分自身に問いかけました。

「家が売れたら何をする？」

私は自分に答えました。

「看板を取り下げて、ガレージに放り込むよ」

想像の中の私は、看板に手をかけ、それを地面から引き抜き、肩に担いで、ガレージに行き、それを床に放りながら、冗談交じりに「お前にはもう用がなくなったよ！」と言う。私は心から満足し、達成した気分になりました。

次の日、男性があらわれ、保証金1000ドルを私にくれ、「看板を取り下げてくださいい。いますぐ、第三者預託にはいります」と言いました。私はすぐさま看板を引っこ抜き、ガレージに放り込みました。

外側の動作は内側の動作と一致しました。これについては何も新しいことはありません。「内のように、外はなる」とは、潜在意識に印象づけられたイメージどおりになるという意味で、あなたの人生の客観的な場面でそうなります。

この手順、テクニックは聖書より古い。

外側は内側を映す。外的アクションは内的アクションに従う。

私はある非常に大きな組織から精神的な仕事をするよう依頼されました。相手は詐欺的な手段で、広大な採掘の権利とその他の利益を主張していました。彼らは法的な策略をめぐらせて会社に嫌がらせをし、ただで何かを得ようとしていました。

私は弁護士に、彼が代理をしているその会社の社長が彼の完璧な調和のとれた解決を喜んで、彼に「おめでとう」と言っている場面を、芝居のように、リアルに、日に何度も想像するようにと言いました。

彼は精神的に打ち込んでそれを続けるうちに、彼の表現を借りれば、突如として、主観的な知恵が彼に降りてきました。彼は追跡調査し、事件はほどなく終結しました。

ある人が銀行に支払い期限のある住宅ローンがあるのに返済するお金がない。この場合、この人が心からこの原則を受け入れて実行すれば、そのお金は彼にもたらされます。もたらされる方法や、いつ、どこで、その出所は？　などは一切気にする必要はありません。

主観的な心は、あなたの知らない方法を知っているのです。その方法は過去に見つけられました。それは、神が人間に与えた道具の一つで、幸せに暮らすために必要なすべてのことは自分でまかなえるようにできているのです。

お金がないために住宅ローンの返済ができないその人は、銀行に小切手か必要な額のお金を預ける想像をすることができます。つまり、それを銀行の出納係に渡しているところを想像するのです。

重要な点は、心的イメージの中の想像上の行動に強い興味をもち、それをリアルに自然に行うことです。想像上のドラマに忠実に臨めば臨むほど、想像上の行為が潜在意識の銀行にお金を預けに行くことになります。想像力で銀行の窓口に行き、それをリアルに自然に行えば行うほど、それは、実際、物理的に現実のものとなります。

私たちのサンデーモーニング講座に定期的に通って来る若い女性がいました。彼女は、バスを3回乗り換えねばならなかった。授業に出席するために日曜日ごとに片道1時間半かかって来ていました。私は説教の中で、ある若者が自動車を願望したらそれが手に入った話をしました。彼女は家に帰り、次のように実験しました。ここに彼女の許しを得て、彼女の手紙の一部分を載せます。

親愛なるマーフィー博士

これは私がキャデラックを受け取った方法です（原文のまま）

私は日曜日と火曜日のあなたの講義に出席するために、キャデラックが欲しいと思いました。それで、想像の中で、実際に運転するのと同じようにしました。まず、ショールームに行きました。そうしたら販売員がキャデラックに乗せてくれました。それで数区間を運転しました。「キャデラックは私の車です」と何度も自分に宣言しました。そして、その車に乗りこむところ、運転しているところ、シートの座り心地などの心の映像を、2週間以上、集中的に見続けました。この日曜日、私はあなたの授業にキャデラックを運転して出かけました。イングルウッドの叔父が亡くなり、私にキャデラックと全財産を遺してくれたのです。

あなたが、「住宅ローンを返済するためのお金を手に入れる方法が分からない」と言っているのなら、心配しないでください。

心配することは首を絞めることです。呼び出せば、必要な何もかもを与えてくれる「内なるパワー」がいるということを覚えておいてください。あなたは今、感情と確信をもって言うことができます。「私の家には借金は一切なく、富がなだれ込んでくる」。

願いが答えられる方法については疑問を抱かなくてよろしい。潜在意識の知性があなたの夢を叶えるためのすべてを知っていて、全ステップを取り仕切っているので、あなたは必要で明らかなことをすればよいのです。あなたはローン会社からの「あなたはローンを完済しました」という通知を想像することもできるでしょう。そのイメージに喜びを感じ、それが実現するまで、その空想の手紙を心の中で温めながら生きるのです。

想像し、真実と感じるものは実現できる。その力を信じること。

ぼんやりと座って白昼夢にふけりながら叶えたいことを想像しても、自分に引き寄せることはできません。「自分は心の法則を動かしている」と理解して信じなければなりません。あなたが望むものを実現させるために心を建設的に使うのです。そのために神から贈られているパワーを「確信」にすること。

自分の望みを知ること。潜在意識は手に入れたいものの明確で、鮮明なコンセプトがあるから、そのアイデアを実行できるのです。あなたの願望が達成されたときの現実感を鮮明に思い浮べること。そうしたら、あなたは潜在意識に行動すべき明確な何かを与えているのです。潜在意識はイメージが印象づけられるフィルムなのです。潜在意識はそのイメージを発現させます。そして、それを物理的に客観化された形であなたに送り返すのです。

カメラは、集中された注意力を通して、あなたの願望の実現を意識的にイメージしているあなたです。あなたがリラックスしたハッピーモードでこれを行うと、潜在意識の敏感なフィルムに映像が映し出されます。

あなたには、タイム露出も必要です。

あなたの気質や感情、理解によっては2~3分かそれ以上かかるかもしれません。覚えておくべき大切なことは、それは時間というよりも、意識の質、感情や信念の程度です。一般的に言って、注意力がより長く集中され、より長く吸収されるほど、タイム露出はより長くなり、祈りへの答えがより完璧になります。受け取ったと信じれば、受け取ります。

「あなたがたが祈りのうちに求めるものは何でも、信じて、あなたがたは受け取るであろう」

信じることは、あるものを真実として受け入れること、あるいはその状態で生きること。

この心的状態を続ければ、あなたは祈りが答えられた喜びを味わうでしょう！

# 第三章

Chapter Three

# 成功を想像する方法

神はいつも自分の計画したことを成功させます。人間は成功するように造られています。なぜなら、神が内部にいるからです。神のすべての属性、特質、可能性は内部にあります。

あなたは勝つために、戦いとるために、克服するために生まれてきました！　あなたの中にある神の知性、知恵、パワーは、解き放たれ、あなたにあらゆる困難を乗り越えさせようと待っているのです。

自分は成功するという確信を得るまで、一日に何度も何度も、「成功」という抽象的な言葉を静かに使う人たちがたくさんいます。「成功という概念」には成功に必要なすべての要素が含まれていることを覚えておいてください。人が信念と確信をもって、「成功」という言葉を自分自身に呪文のように繰り返すと、潜在意識はそれをその人の真実として受け入れ、「成功する」という主観的な強迫観念にさらされる。その結果、抑えがたい欲求になってきます。

私たちは自分の主観的な信念、印象、確信をどうしても表現しなくてはいけません。成功するための理想的な方法は、自分が何を達成したいかを知ることです。もし、あなたが自分にふさわしい場所が分からない、あるいは、何をしたいのかわからない場合は、その問題点についての導きを求めることができます。より深い心が反応します。その結果、あなたは、自分にふさわしい活動分野を見つけるでしょう。

より深い心はあなたの思考に応えます。主観的、またはより深い心とも言われる潜在意識は、成功に必要な条件を個人に引き寄せる無意識の知性を作動させます。

人は、自分の好きなことをすることが特に重要です。何かを努力している時にしあわせなら、あなたは成功しています。
あなたの中に「内なる創造力」があるという事実を受け入れること。これを肯定的な確信にするのです。この無限のパワーはあなたの思考に敏感に応答し、よく反応します。この原則を知り、理解し、自分に当てはめると、疑いや恐れや心配が徐々に消えていきます。

失敗の考えにとらわれ続けている人を例にとると、失敗の考えは失敗を引き寄せます。
潜在意識は、失敗の考えをその人の要望として受け取り、その人の経験の中でそれを実現させるように進めていきます。どうしてかというと、彼は失敗を生み出そうと、日夜、精神的な練習にひたっているからです。潜在意識は非個人的で非選択的なのです。

仕立屋を商売にしている私のビジネス友だちの好きな言葉は、「私がすることは足し算だけ。引き算は決してしない」です。この意味は、「成功は足し算の記号。あなたの成長に富、パワー、知識、信念、知恵を足しなさい」、です。

人生は足し算！　死は引き算。ものごとは何であれ、真実で、愛すべきで、崇高で、神のようだと想像すると、あなたの人生が豊かになります。自分は成功していると想像し、感じる。すると、成功しなければならなくなるのです。

あなたは状況や環境や条件の奴隷であるはずがありません。条件の支配者なのです。ものごとを現状のまま心理的に黙認すると、つまり、いいなりになると、状況の犠牲者になる可能性があります。考え方を変えると、条件が変わります。

次は、ある映画俳優が私に言ったことです。

彼はほとんど教育を受けずに育ちましたが、少年のころから大スターになる夢を持っていました。

「野原で干し草用の牧草を刈ったり、牛を家に追い込んだり、乳しぼりをしている時でさえ、私は、絶えず、大きい映画館の大きいライトにこうこうと輝く自分の名前を見るという想像をしていたのでした。最終的に家から逃げ出すまで、この想像を何年も続けました。そして、映画界でエキストラの仕事をもらい、ついに、少年のころ見たように、ものすごく大きいライトに自分の名前を見る日がきたのです！」。

彼は、加えて言いました。「継続的な想像力のパワーが成功をもたらすことを私は知っています」

成功はあなたに何を暗示しますか？　あなたは疑いなく、他人との人間関係のもとに成功したいと思っています。あなたは自分の選んだ仕事か専門分野でひときわ抜んでたい。素晴らしい家を手に入れ、快適で幸せに暮らすためのすべてのお金がほしい。あなたは、祈りと内なる普遍的な力で成功したいと思っています。

心からしたいと願っていたことをしている自分と、どうしても欲しかったものを手に入れている自分を想像するのです。想像性を豊かにすること。精神的に成功している現実感にひたること。しょっちゅう、その意識の状態に入って行くのです。それを習慣にするのです。そうしたら、夢の実現に必要なすべてを行うように導かれます。毎晩成功したと感じ、完全に満足しながら眠りにつくこと。そうすれば、最終的には潜在意識に成功の概念を植えつけることに成功します。

私の知っているある免許をもった薬剤師は、週に40ドルと販売手数料を受け取っていました。彼は私に「25年経ったら、年金をもらって退職します」と言いました。

私は彼に言いました。

「どうして自分の店を持たないの？　ここから出なさいよ。目線を上げて！　子供たちに夢を見させなさいよ。もしかしたら、あなたの息子さんは医者になりたいと思っているかもしれないし、お嬢さんはミュージシャンかもしれないよ」と言いました。

彼の答えは「わたしにはお金がない」でした！

彼は、自分が真実と思うことはなんでも着想することができる事実に目覚めました。

ゴールへの第一ステップは心の中での「アイデアの誕生」で、二番目のステップはその「アイデアの表明」です。

彼は自分の店にいると想像し始めました。心理的にその役に入り込んだ。ボトルをアレンジし、処方箋を出し、自分の店で数人の店員が客を待っていると想像した。多額の銀行残高をありありと心の目で見ました。心理的に想像上の店で働きました。優れた役者にたがわず、彼はその役に生きたのです。（私がそうであるかのように振舞えば、私はそうなるでしょう）。この薬局の店員は、勤めている店を自分の店と思い込む前提で生き、動き、全身全霊でなりきった。

この続きがおもしろい。彼は解雇され、大手チェーンストアに入社し、マネージャーになり、地域販売部長になった。4年で自分のドラッグストアを買うための十分な頭金を貯めた。彼は新しい自分の店を「夢の薬局」と呼びました。そして、「その店は、私の想像していた店とまさしく同じでした」と言ったのです。彼は自分の選んだ分野で成功し、好きなことをして幸せでした。

最高のものを信じ、期待する心の態度を習慣的に持ち続けている個人は、人生で必ず成功し、前進する決意でいます。

気が滅入り、落胆し、病的で、失望している個人は、すべての点で失敗を引き寄せます。恐れはまさしく、神が与えてくれるものへの信念の欠如です。それは見当違いの信念です。恐れは間違ったことに対する信念なのです。恐れは欠如への信念、あるいはその人が善を与えられずにいることへの信念なのです。

「息子よ、あなたはいつも私と共にいて、私の持っているものはすべてあなたのものである」

必要なものは目に見えません。目に見えないということは、必要で重要なものはすべて抽象的と言えます。

あなたは世に出るために、今の自分より大きくなりたいと願望すべきです。望むことが最初に来ます。次に、あなたが望むことを実現させてくれるあなたの内なるパワーを自覚することが来ます。

潜在意識は、あなたが望むすべてを客観化するための媒体《ばいたい》なのです。あなたは、習慣的に考え、感じ、意見を述べ、信念をもつという形式で、潜在意識に命令を下す人なのです。潜在意識は意識の命令に従います。もし、意識がネガティブな考え方に全面的に反対すれば、ネガティブな考えは潜在意識に植えつけられることはありません。あなたは免疫を獲得します。

例えば、「健康だったら仕事でもっと成功できるのに」とあなたは言うかもしれない。「体は心の表現されたもの」ということを、今から認識し始めてください。潜在意識は体の大工さんなので、すべての重要な機能をコントロールしているのです。あなたの意識は、潜在意識に取り込まれたどんな考えや思いつきも変えるパワーを持っています。健康が実現できると知れば、潜在意識に健康という考えを印象づける、つまり植えつけることができます。確信と心からの信念が必要です。肯定的な言い方が潜在意識にはっきりした印象を根づかせます。

潜在意識を印象づけるすばらしい方法は、訓練された、科学的な想像力を働かせることです。

たとえば、膝《ひざ》が腫れて体の自由が利かなくなったら、あなたは「健康体ならあれもした、これもした」と想像するでしょう。

「バスに乗って繁華街に行ったし、友達も訪ねた。馬にも乗ったし、スイミングにも行った。ハイキングにも行っただろう」と。

最初は、想像の中で、できる限りリアルに自然な感じで心理的な旅を続けてください。このような心の旅を続けること！　動機は自分の中から起こすもの。すべての動きは、外部の動きが起こる前に、まず、人の心、意識から起こります。

例えると、椅子はそれ自体では動きません。それに動きを加えねばなりません。あなたの体も同じです。あなたが癒《いや》されたらしようと思っていることをすべてやり続けると、その内側の動きによって、潜在意識がそのイメージに従って体を構築します。

次は、完璧な健康を願う、すばらしい祈りについてです。

私の知っている南アフリカのある大臣は、この祈りを適用して、自分自身を癒しました。彼は、日に何度か、ゆっくり静かに宣言しました。そのまえに、まず、心も体も完全にリラックスしているかを確かめました。

「神の完全性が今、私を通してあらわされようとしています。健康という考えが今、私の潜在意識にあふれています。神のいだく私のイメージは完全なイメージなので、私の潜在意識は、神の心にとらえられた完全なイメージに従って、完全に私の体を造り直します」。

これは、潜在意識に完全な健康の考えを伝える、やさしくて簡単な方法です。

成功を達成するのに妨げるものは何もないと悟ると、自信をつけることができます。

この内なるパワーを呼び出せば、すべての障害を克服できるという確信を心の中で育んでください。あなたの側に、自分のやろうとしていることを達成し、成し遂げられるという確信と決意がなければなりません。この前向きで肯定的な態度が自信を作るのです。

あなたは次の聖書の文句を聞いたことがあるでしょう。

「あなたの信じる気持ちに従って、それはあなたに為される」

神への信仰とは、次のことを認識することです。

遍在、全知、全能、すべての愛、すべての光、すべての美、すべての生命、そして困ったときには必ず現れてあなたを助けてくれるのは、ただ一つの「精神的パワー」であること。そして、神の力はあなたの思いに答えるということを覚えておいてください。

神を、長いあごひげを生やして空に住んでいる存在として見るのはやめましょう。神は人間の生命です。私たちは神のすべてを見抜くことはできません。なぜなら、死すべき有限の精神では完全な無限を理解することができないからです。たとえば、あなたの意識と潜在意識は神の投影です。それは神の作業道具です。神とは、無限の知恵、限りない愛、果てない知性、絶対的な幸福、永遠の調和、言葉では言い表すことのできない美しさのことです。これらすべてとほかのものは神の特質と属性です。

あなたは生命の創造主に見捨てられた命の海を漂流しているのではありません。この存在とパワーはあなたの中にあるのです。あなたの中にある神性についての知識と認識が、成功への最も偉大で強力な助けとなります。

あなたの才能を伸ばすこと。その才能を活かし始めること。それは神からの贈りものなのです。あなたには絶え間ない発展をしなければならない能力とパワーがそなわっているのです。

「人は何かを命じると、それは実現する」

今あなたは心理的に何を宣言していますか？　あなたの内的おしゃべり、内的会話、そして内的な無駄な気分とはどんな性質のものですか？

人は、自分がしゃべる無駄な言葉は、すべて説明しなければなりません。無駄な言葉とは、疑い、恐れ、心配、くよくよ悩むことです。これらがあるなら、潜在意識にはっきりとした肯定的な命令を下すことができていません。なぜなら、そこには、あなたの実現したいものについての明確な印象がないからです。

恐れや心配は意識に混乱をきたします。それは潜在意識に混乱を引き起こさせ、人間に混乱しか起こしません。

神のパワーを信頼し続けてください。そうすれば、あなたの望むものは何らかの形であなたのところにもたらされるでしょう。神、神聖なパワー、神聖な愛、そして常にあなたを見守っている神の存在を信じれば、あなたは無敵になります。

「主を信頼し、善を行いなさい。そのようにしてあなたはその地に住み、まことにあなたはた養われるであろう」

# 第四章

Chapter Four

# マーフィー博士という人間性への洞察

## 自由の国、アメリカへ

ジョセフ・マーフィーは、1898年5月20日、アイルランド、コーク州の小さな町に生まれた。父のデニス・マーフィーは、イエズス会の施設であるアイルランドの国立学校の助祭兼教授だった。母エレン、旧姓コネリーは専業主婦で、後に男の子ジョンと女の子キャサリンをもうけた。

ジョセフは厳格なカソリックの家庭で育った。父のデニスは敬虔《けいけん》な人物で、事実、数少ない一般教授の一人だった。彼は広範な科目について知識があり、息子の勉学の意欲と研究心をはぐくんだ。

その当時のアイルランドは数ある経済不況うちの一つに苦しみ、多くの家族は飢えていた。デニス・マーフィーは順調に雇われてはいたが、彼の収入では家族を養うのが精いっぱいだった。

若いジョセフは国立学校に入学し、優秀な学生だった。聖職につくように勧められ、イエズス会の神学校に入学したが、十代後半になる頃、イエズス会のカトリックの正当性に疑問を抱き始め、神学校を退学した。以来、彼の目標は、新しい考えを探索することと、新しい経験をすることだった。カソリックが支配的なアイルランドではなく、アメリカで目標を遂げようと、家族のもとを去った。

ニューヨークのエリス島入国管理センターに到着したジョセフの所持金は5ドルぽっきりだった。彼の行動計画の第一番目は、住むところを見つけること。幸運にも、見つけた下宿で部屋を共有した相手は、地元の薬局で働く薬剤師だった。ジョセフはアイルランドでは家庭でも学校でもゲール語を使っていたので、英語力は最低必要限度のものだった。そこで、大方のアイルランド移民がしたように、昼間は肉体労働をして収入を得、それで食費と家賃を十分にまかなった。

ルームメイトとは良い友達になり、彼の勤めるドラッグストアが新規の募集をしたときに、その薬剤師のアシスタントとして雇われた。ジョセフは、すぐさま、薬学を学ぶために学校に入り、その鋭敏な頭脳と向上心により、資格試験に合格して一人前の薬剤師になるのに時間がかからなかったのは想像に難《かた》くない。今や、彼は十分な稼ぎを得、自分ひとりのアパートに住んだ。数年後、そのドラッグストアを買収し、その次の数年で、事業を展開し、成功した。

合衆国が第二次世界大戦に参入した時、ジョセフは陸軍に入隊し、第88歩兵師団の医療部隊に配属され、薬剤師として働いた。その頃、彼は、宗教への興味を新たにし、さまざまな宗教の信念について広く読み始めた。除隊後、薬局の仕事には戻らない選択をした。広く旅行をし、米国内外のいくつかの大学でコースをとった。勉学を進めるうちにアジアのいろいろな宗教に魅了され、深く学ぶためにインドに行き、主要な宗教の起源から学んだ。そして研究を、古代から現代までの偉大な哲学者にまで広げた。

最も知的で先見性のある教授たちのもとで学んだ中で、ジョセフに一番影響を与えたのが、トーマス・トロワード博士だった。博士は、哲学者であり、医者であり、教授であり、裁判官でもあった。トロワード判事はジョセフの信頼のおける助言者となった。哲学、神学、法律だけでなく、神秘主義、とりわけフリーメーソンの秩序について教えを受けた。彼はこの結社の積極的な会員になり、長年にわたってフリーメーソンの階級をスコットランド儀式の第32位まで上昇させた。

ジョセフは米国に戻るにあたり、司祭になって、彼の得た広範な知識を人々に還元する決意をした。彼のキリスト教の考えは伝統的ではなく、事実、キリスト教のほとんどの宗派に反するものであり、ロサンゼルスに自分の教会を設立した。彼の集めた信徒の数は少なかったが、他のあまたの司祭による「罪と地獄行き」の説教より、彼の「楽観主義と希望」のメッセージにたくさんの男女が引きつけられるのに、さほど時間はかからなかった。

## 人生をゆたかにするために使う力

ジョセフ・マーフィー博士は新思想運動の支持者だった。19世紀後半より20世紀前半にかけて発展したこの運動は、この現象を研究し、人生における新しい見方を説き、書き、実践した多くの哲学者や思想家らによって開発された。彼らは、私たちの生き方に対する形而上学的、スピリチュアル、実践的なアプローチを組み合わせることで、私たちがほんとうに望むものを達成する秘訣を明らかにした。

新思想の支持者たちは、新しい方法とより良い結果をもたらす人生の新しいアイデアと、人生をゆたかにするためにそれを使う力を私たちはもっていると説いた。過去に神がなぞめいたことを書いたと思われる法則を見つけ、その法則のナゾを解き明かすときにこそ、私たちはこれらすべてを行うことができる。

もちろん、マーフィー博士はこのポジティブなメッセージを説くだけの司祭ではなかった。第二次世界大戦後の数十年で、新思想運動に影響を受けた司祭たちや信徒たちの教会が見出され、開発された。宗教科学の教会、連合教会や同様な礼拝所はこれと似たような哲学を説く。マーフィー博士は自分の組織をデバインサイエンス教会と名付けた。しばしば教壇を共有し、同じような考え方の同僚と共同プログラムを実施し、ほかの男性たちや女性たちを自分たちの任務に参加できるようにした。

長年にわたり、すべてのサイエンス教会の傘の役割を果たす、デバインサイエンス連盟と名づけられたこの組織の発展に他の教会が参加した。各サイエンス教会のリーダーたちは更なる教育を要望した。それで、リーダーの一人だったマーフィー博士は新しい司祭を訓練して、司祭と信者の両方に生涯教育を提供するために、ミズーリー州セントルイスにデバインサイエンス学校の創設を支援した。

デバインサイエンス学校の年一度の集会には出席する必要があった。マーフィー博士は呼び物の演説者だった。彼は特に潜在意識の重要性について、参加者に勉強し、習得するように呼び掛けた。

その後の数年で、マーフィーの地元のデバインサイエンス教会は大きくなり過ぎ、所有のビルディングでは皆を収容しきれなくなった。そこで、元映画館だったウィルシャー・イーベル・シアターを借りた。マーフィーの礼拝にたくさんの人が押し掛けたので、この会場でさえ、出席を希望する全員の確保が難しくなった。マーフィーとスタッフは予備の日曜礼拝を儲け、１３００―１５００人が出席するクラスを受け持った。この日は、通常、昼と夜にセミナーと講義が行われた。教会は１９７６年までロサンゼルスのウィルシャー・イーベル・シアターにとどまった後、新しく、カリフォルニア州の退職者居住地域の近くのラグナーヒルズに移った。

マーフィー博士は、自分のメッセージを聴きたがっているおびただしい数の人々のために、週一回のラジオトークショーを創案し、最終的に100万人以上の聴衆に届けた。

彼のファンの多くは、要約だけではなく、もっと詳しいものを望み、講義やラジオ番組の収録を要望した。博士は初めは気が進まなかったが、実験することにした。彼のラジオ番組は、当時一般的だった特大78rpmに収録された。これらのディスクから1本につき6本のテープが作られ、ウィルシャー・イーベル・シアターのロビーのインフォメーションテーブルに置かれた。これらのテープは最初の1時間で売り切れた。これは新しい冒険の始まりとなった。聖書の原文を説明している講義と、リスナーのための瞑想と祈りを提供するテープは、マーフィー博士の教会だけでなく、他の教会、書店、メールでも販売された。

## マーフィー夫妻として

教会が大きくなるにつれ、自身が携わっている多くのプログラムと、最初の本のための調査と準備を手伝ってもらうために、博士は専門家と管理をしてくれるスタッフを加えた。その最も有能なスタッフの中に、管理秘書のジーン・ライト博士がいた。仕事上の関係がロマンスへと発展し、お互いの人生を豊かにするための生涯のパートナーシップを結ぶため、二人は結婚した。

この時点で（1950年代）、精神的に傑出した要素をもつ大手出版社が見当たらなかった。マーフィー夫妻は、ロサンゼルスにある小さな出版社を見つけ、そこから小さな本のシリーズを出版した。ほとんどが30～50ページのパンフレット形式の本で、1冊1.5～3ドルで、ほとんどが教会で売られた。これらの本の受注が増え、2刷り3刷りと必要になると、大手出版社がこれらの本の市場を見抜き、カタログに加えた。

マーフィー博士は、著書とテープとラジオ放送で、ロサンゼルス以外でよく知られるようになり、全国から講演依頼が来た。彼は宗教の話に留まらず、生命の歴史的価値、健康な生活のための技術、そして西洋と東洋の文化からの偉大な哲学者の教えについて話した。

マーフィー博士はまったく運転を覚えなかったので、忙しいスケジュールの中、招かれている講演会場やほかのさまざまな場所に行くのに、運転して運んでくれる誰かを手配しなければならなかった。管理秘書として、後の妻としてのジーンの能力の一つは、任務の計画、列車や飛行機の手配、空港への送迎、ホテルの宿泊、その他旅行の詳細をすべて決めることだった。

マーフィー夫妻は世界中の国々を頻繁に旅行した。彼のお気に入りのワーキングホリデーはクルーズ船でセミナーを開くことだった。このような旅行は1週間以上にわたり、世界中のたくさんの国を訪れた。

マーフィー博士の最も価値ある活動の一つに、多くの刑務所の受刑者たちと話をしたことがある。たくさんの元受刑者が何年にもわたって彼に手紙を書き、彼の言葉がいかに彼らの人生を真に好転させ、精神的な意味ある人生を生きるように自分たちを奮い立たせてくれたかを述べてきた。

彼は合衆国とヨーロッパとアジアの多くの国を周遊した。講演の中で、彼は、潜在意識のパワーと、唯一の神、「私は在る」への信念に基づく人生の原則を理解することの重要性を強調した。

## 自分の運命は自分で創る

マーフィー博士のパンフレットサイズの本が非常に評判がよかったので、彼は、それらをもっと詳しく長いものにし始めた。彼の妻は私たちに、彼の書いている時の様子や書き方への洞察を与えてくれた。それによると、彼は〔古代ローマ人の使用したような〕書き板に原稿用紙をのせ、ペンシルかペンで強く書き、次のページに刻印された文字が読めるようにした。書いている間は没我の境地にいるように見えた。執筆スタイルは、「今日はもう充分だ」と言ってペンを置くまで、オフィスに誰にも邪魔されずに4―6時間とどまった。

毎日、同じだった。自分が始めたことを終わらせるために、翌朝、オフィスに出かけるまで、戻るということが一度もなかった。

書いている間は、飲み食いは一切せず、思索と、時折の参照のための膨大な書籍とともに、まったく独りで過ごした。妻は来訪者と電話から夫を護り、教会ビジネスと他の活動を進め続けた。

マーフィー博士は、問題を取り上げ、その問題がいかに人々に影響をおよぼしているかの要点を詳しく説明する方法を常に探っていた。テクノロジーが発達し、新しい方法がオーディオの分野にまで入ってきたので、自分の講演からいくつかを選び、カセット、レコード、CDにして提供することにした。

CDとカセットの全内容は、個々人が人生でぶつかるほとんどの問題に使われ得るツールとなり、予想通り目的を遂げるために時の試練を経てきた。

彼の基本テーマは、己《おのれ》の内部に横たわる問題への解決にある。外的要素はその人の考えを変えることはできない。つまり、自分の心は自分自身のもの。人生をより良く生きるために、変えなければならないのは、外側の状況ではなく、自分の心である。自分が自分の運命を創る。変えるパワーは自分の中にある。あなたは、潜在意識のパワーを使って、より良い変化を起こすことができる。

## 夫人が語ったマーフィーからのメッセージ

マーフィー博士は30冊以上の本を書いた。最も有名なワーク「The Power of the

Unconscious Mind 潜在意識のパワー」は１９６３年に初版され、すぐにベストセラーになった。それまでに書かれた自助手引き本、いわゆる自己啓発本の最良の１冊と称賛された。何百万部も売られ、今も世界中で販売され続けている。

彼の他のベストセラー本の中には、テレサイキック（telepsychics）なものがある。The Magic Power of Perfect Living, The Amazing Laws of Cosmic Mind, Secrets of the I-Ching, The Miracle of Mind Dynamics, Your Infinite Power to Be Rich, and The Cosmic Power Within You.

マーフィー博士は１９８１年12月に亡くなり、妻のジーン・マーフィー博士は夫の任務を続けた。１９８６年の彼女の講演で、夫の言葉を引用し、その哲学を何度も繰り返した。

「私は男性と女性に、それぞれの人の内部に君臨している神の起源とそのパワーを教えたい。このパワーはそれぞれの内部にあり、その人自身の救い主であり、その人を救済することができることを伝えたい。これは聖書のメッセージであり、今日の私たちの混乱の十中八九は、その中で差し出されている、人生を変えるような真実について、誤った字義通りの解釈にとらわれることからきていることを知らせたい。

私は、大多数の人々に、通りを歩いている男性に、義務と、才能と能力の抑制で重く沈んでいる女性に届けたい。内なる不思議を習得するために、意識のあらゆるステージやレベルにいる人たちを助けたい」

彼女は夫について次のように言った。

「彼は、学者の知性、成功した経営者の心、そして詩人の魂の虜《とりこ》になった神秘主義の実践者でした。彼のメッセージを一言で申し上げると、『あなたはあなたの世界の王であり、支配者である。なぜなら、あなたは神と一体だから』」

## 「自分を信じて」を訳し終わって

マーフィー博士が、これほど切々と、「自分は自分を救済できる。自分は独りではない。自分を創った大いなる存在を信じ、自分に与えられた能力を見つけ出し、それを活かすことに集中して生きるように」と、説いたということは、人生は決して平坦《へいたん》ではないということでしょう。

どんな人にも困難が待ち受けている。そこに希望を見出すか、悲観的な人生を送るか。人生を肯定するか、否定的に捉《とら》えるか。

その時にとても重要なのが、人生に、「半ば、遊ぶ」という感覚をもつことではないだろうか。この書では、いきなり、ヨセフという名の「想像力」がまるで生き物のように出てきます。小さいころに聞かせてもらったお話や、子ども同士で遊んだごっこ遊びの延長のようです。

マーフィー博士は、身をもって、想像力という翼《つばさ》に乗って、無限の世界を自由に飛び回る姿を見せてくれています。過去の天才たちを取りあげながら、人生の希望とは、人間の不毛の地に移動してはリフレッシュさせてくれる天国の雫《しずく》のようだと表現しています。

しかし、想像力は制御《せいぎょ》しなければ暴走するので、その持ち主の人間性が重要になります。そこには崇高《すうこう》さというものが必要で、それはわたしたちにはすでにそなわっているので、そこから目を離すことなく、自分を育て、信頼し、肯定的に生きるようにと、博士が私たちを励ましているように、私には感じられました。

もう一つ、重要なのが、私たちは自分を高め、鼓舞するだけでなく、愛するものを励ます義務というか、大人としての責任があります。

そのときに、励まし方が分からない。つい、「こうでなきゃだめだ」とか、「ああしろ、こうしろ」など言いがちです。

人間の心のメカニズムを一旦、論理で分析し、理解する作業は、自分を客観視させてくれる上に、自分には及びもつかない先駆者の存在の事実があることが分かるだけでも、この世はすばらしいと思える。

最後に、この書の翻訳の機会を与えてくれた運命のようなものと、阿蘇品社長とスタッフに心からの感謝を申し上げたい。

2023年7月1日

矢野ふみ

《初出》『Believe in Yourself』1956年

《参考文献》

『旧約聖書創世記』（訳者　関根正雄・岩波書店）
『Ｔｈｅ　Ｂｉｂｌｅ』（ＯＸＦＯＲＤ）

《編集部より》

この本の著者は、医者ではなく、本書において医学的治療や身体的、感情的、医学的な病気の処方はしていません。本書における著者の意図は、感情的、精神的な健康の探求に役立つ一般的な情報を提供することにあります。

装丁　塚田男女雄（塚田デザイン）

**ジョセフ・マーフィー**（Joseph Murphy）
1898年5月20日、アイルランドに生まれる。父は国立学校の助祭兼教授だった。神学校に入るが10代後半で退学。アメリカ市民として第二次世界大戦で陸軍に入隊、除隊後、米国内外の大学でいくつかのコースを取り、司祭となり、ロサンゼルスを拠点に教会ビジネスを成功させる。精神法則に関する著書を多く持ち、世界的ベストセラー作家として活躍。ヨーロッパ、アメリカ、オーストラリア、日本など各国において潜在意識の活用についての講演活動も、多数、行う。日本へは作家で英文学者の渡部昇一（大島淳一）氏などによって紹介された。1981年逝去。

**矢野ふみ**（やの・ふみ）
福岡県生まれ。翻訳家、文筆家として活動している。

# 自分を信じて

二〇二三年七月二十九日　第一刷発行

著　者　ジョセフ・マーフィー
訳　者　矢野ふみ
編集人
発行人　阿蘇品　蔵
発行所　株式会社青志社
〒一〇七-〇〇五二　東京都港区赤坂5-5-9　赤坂スバルビル6階
（編集・営業）Tel：〇三-五五七四-八五一一　Fax：〇三-五五七四-八五一二
http://www.seishisha.co.jp/

印刷・製本　中央精版印刷株式会社

ISBN 978-4-86590-155-9　C0095

# 青志社の話題の既刊本

## 新・知的生活の方法　知の井戸を掘る

**渡部昇一** 著　定価1540円(本体1400円+税)

知の巨人が説く「考える力」を継続する習慣。誰もが自分の好きな道を選べる時代、心の底から自分の夢を信じ実現させる。枯れない頭が運と成功をもたらす。「深井戸が一つ、そしてそれに関連性の高い井戸をもう一つ掘る。それは、浅井戸でもかまわない」渡部昇一

## 3・11大津波の対策を邪魔した男たち

**島崎邦彦** 著　定価1540円(本体1400円+税)

3・11の大津波から12年。渾身のノンフィクション。国の地震対策本部責任者で地震学者が内部から告発！　きちんと対策すれば、大津波地震による福島原発の事故は防げ多くの人たちが助かった。しかし東京電力と国は、対策をとらなかった。いったい、何があったのか？　なぜ、そうなったのか？　そして、いまも状況は変わっていない。